The Qin Dynasty: Birth of the Empire

The Qin Dynasty: Birth of the Empire

Dynasties of Ancient China,
Book 1

In Easy Chinese, Pinyin and English

by Katherine Zhu

Written by Katherine Zhu
Edited by Jeff Pepper
Cover artwork by NextMars, Liuyang, China

ISBN: 978-1959043935
Version 2.0

Acknowledgements

Many thanks to the team at Next Mars for their beautiful cover artwork, and Jia Mei Beh and Arnaud Ysmal for their careful proofreading.

Map of China During the Qin Dynasty

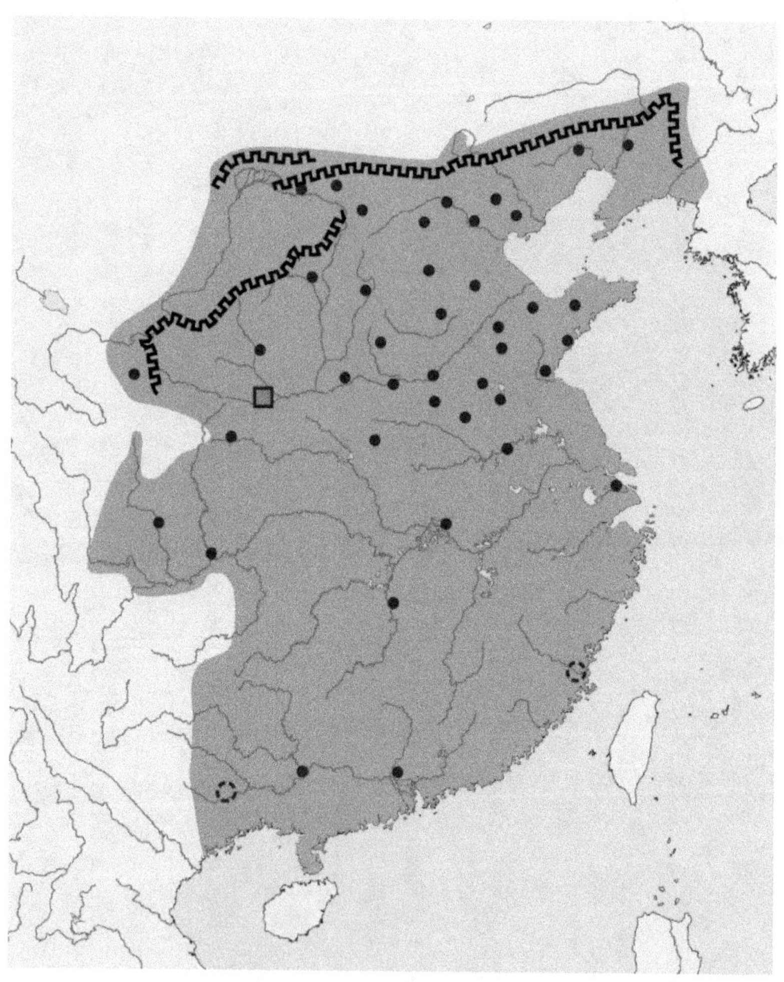

Contents

秦朝：帝国的诞生

Qíncháo:
Dìguó de Dànshēng

The Qin Dynasty:
Birth of the Empire

Yǐnyán

Qíncháo shì Zhōngguó lìshǐ shàng yí gè tèshū de cháodài. Zuòwéi Zhōngguó dì-yī gè tǒngyī de fēngjiàn wángcháo, tā yě shì 12 gè héxīn cháodài lǐ cúnzài shíjiān zuì duǎn de.

Tā cóng Qín Shǐhuáng xiāomiè liù guó, tǒngyī Zhōnghuá kāishǐ, dào tā qùshì hòu 3 nián jiù xùnsù mièwáng. Suǒyǐ, wǒmen bù néng jiǎndān de bǎ Qín Shǐhuáng kànzuò shídài de yí gè yīngxióng rénwù, yīnwèi tā běnrén jiù dàibiǎo le zhège shídài, tā jiù shì Qíncháo.

Wǒmen kěyǐ tōngguò Qín Shǐhuáng de rénshēng jīnglì lái liǎojiě Qíncháo de zhěnggè lìshǐ, kànkan zhànzhēng shídài rúhé zàojiù le zhège yīngxióng, zài kànkan yīngxióng zěnme gǎibiàn le lìshǐ, yòu wèishénme zài jǐ qiān nián hòu de jīntiān, tā yīrán yǒu "bàojūn" hé "wěirén" zhèyàng wánquán xiāngfǎn de píngjià.

引言

秦朝是中国历史上一个特殊的朝代。作为中国第一个统一的封建王朝，它也是 12 个核心朝代里存在时间最短的。

它从秦始皇消灭六国、统一中华开始，到他去世后 3 年就迅速灭亡。所以，我们不能简单地把秦始皇看作时代的一个英雄人物，因为他本人就代表了这个时代，他就是秦朝。

我们可以通过秦始皇的人生经历来了解秦朝的整个历史，看看战争时代如何造就了这个英雄，再看看英雄怎么改变了历史，又为什么在几千年后的今天，他依然有"暴君"和"伟人"这样完全相反的评价。

Dì Yī Zhāng:

Wángcháo Zhīqián: Zhōucháo de Zhànluàn yǔ Zhìzǐ Zhìdù

Xiǎng yào kòngzhì yí gè rén, jiù yào zhuāzhù tā zuì zhēnxī de dōngxi. Duì dàduōshù rén lái shuō, zuì zhēnxī de jiù shì zìjǐ de háizi.

Zhèng yīnwèi dǒngde zhège dàolǐ, gǔdài cōngming de zhèngzhìjiāmen fāmíng le yì zhǒng cánrěn dàn yǒuxiào de quánlì kòngzhì fāngfǎ — zhìzǐ zhìdù. Zhège fāngfǎ kāishǐ yú Xī Zhōu, zài Zhōucháo hòuqī tèbié liúxíng, hòulái yīnwèi Qín tǒngyī Zhōngguó ér zànshí xiāoshī.

Yào lǐjiě zhìzǐ zhìdù wèishénme cúnzài, wǒmen děi xiān liǎojiě Qín tǒngyī zhīqián de shìjiè. Zài Qíncháo jiànlì zhīqián, Zhōucháo (gōngyuán qián 1046 nián – gōngyuán qián 256 nián) shíxíng de shì fēnfēngzhì: zhè shì yì zhǒng yǐ qīnqi

第一章：

王朝之前：<u>周朝</u>的战乱与质子制度

想要控制一个人，就要抓住他最珍惜的东西。对大多数人来说，最珍惜的就是自己的孩子。

正因为懂得这个道理，古代聪明的政治家们发明了一种残忍但有效的权力控制方法——质子制度。这个方法开始于<u>西周</u>，在<u>周朝</u>后期特别流行，后来因为<u>秦</u>统一<u>中国</u>而暂时消失。

要理解质子制度为什么存在，我们得先了解秦统一之前的世界。在<u>秦朝</u>建立之前，<u>周朝</u>（公元前 1046 年-公元前 256 年）实行的是分封制：这是一种以亲戚

guānxi wéi jīchǔ de guǎnlǐ fāngshì. Zhōu Wáng zuòwéi quánguó tǔdì de zuìzhōng yōngyǒuzhě, bǎ tǔdì fēnchéng yí kuài yí kuài de, ránhòu ràng zìjǐ de xiōngdì jiěmèi hé qīnqi qù zuò zhèxiē dìfang de zhūhóu, yě jiù shì "xiǎo wáng". Zhèyàng zuò de zuìchū xiǎngfǎ, shì xīwàng suǒyǒu huángqīn guóqī dōu néng guò shàng hǎo rìzi, yǒu quán yǒu qián, dàn huángdì réngrán shì zuìgāo tǒngzhìzhě. Jiārénmen dōu ānjū lèyè, Zhōu Wáng jiù búyòng dānxīn yǒu rén zàofǎn.

Dànshì Zhōngguó yǒu jù lǎohuà, jiào "rénxīn bùzú shé tūn xiàng", yìsi shì rén de tānxīn yǒushí yuǎnyuǎn chāoguò le zìjǐ de nénglì, qiě yǒng bù mǎnzú. Shíxíng fēnfēngzhì de Zhōu Wáng méiyǒu xiǎngdào, zìjǐ de shànyì duō nián zhīhòu búdàn méiyǒu dédào zhōngchéng hé gǎnjī, fǎn'ér yǎngdà le yì qún tānxīn de láng.

Yì fāngmiàn, gèdì zhūhóu de nénglì hé xiǎngfǎ dōu bù yíyàng. Yǒuxiē rén zuò "xiǎo wáng" jiù hěn mǎnzú, yě yǒu

关系为基础的管理方式。周王作为全国土地的最终拥有者，把土地分成一块一块的，然后让自己的兄弟姐妹和亲戚去做这些地方的诸侯，也就是"小王"。这样做的最初想法，是希望所有皇亲国戚都能过上好日子，有权有钱，但皇帝仍然是最高统治者。家人们都安居乐业，周王就不用担心有人造反。

但是中国有句老话，叫"人心不足蛇吞象"，意思是人的贪心有时远远超过了自己的能力，且永不满足。实行分封制的周王没有想到，自己的善意多年之后不但没有得到忠诚和感激，反而养大了一群贪心的狼。

一方面，各地诸侯的能力和想法都不一样。有些人做"小王"就很满足，也有

rén zhìxiàng yuǎndà, bǎ zìjǐ de "xiǎo guó" guǎnlǐ de
fēicháng hǎo. Jīngjì hǎo le, qítā fāngmiàn de nénglì
zìrán yě huì tígāo, zuì zhòngyào de jiù shì jiāqiáng
dìfāng jūnduì de shílì. Ér zhēnzhèng de quánguó zhī
zhǔ Zhōu Wáng zìjǐ de zhìguó nénglì bìng bù qiáng,
duì dìfāng zhūhóu yě quēfá yángé de guǎnlǐ. Zhōu
Wáng de shìlì gēn zhūhóu xiāngbǐ yuèláiyuè ruò,
mànman biànchéng le yí gè kōng jiàzi, zhè shíhou
yǒu yěxīn de rén zìrán xiǎng qǔdài tā.

Lìng yì fāngmiàn, hěn duō zhūhóu zài zìjǐ de xiǎo
guó lǐ jìxù fēn tǔdì, dǎozhì dìfāng de quánlì tài
fēnsàn. Shíjiān cháng le, tǔdì biānjiè yuèláiyuè bù
qīngchu, gègè "xiǎo guó" zhījiān jīngcháng fāshēng
chōngtū, zuìhòu chūxiàn le dàliàng zhànzhēng.

Dào zhè shíhou, Zhōu Wáng hé qīnqimen héhéqìqì
guǎnlǐ guójiā de mèngxiǎng chèdǐ jiéshù. Gōngyuán
qián 475 nián, Zhōucháo jìnrù le Zhànguó shíqī.

人志向远大，把自己的"小国"管理得非常好。经济好了，其他方面的能力自然也会提高，最重要的就是加强地方军队的实力。而真正的全国之主<u>周王</u>自己的治国能力并不强，对地方诸侯也缺乏严格的管理。<u>周王</u>的势力跟诸侯相比越来越弱，慢慢变成了一个空架子，这时候有野心的人自然想取代他。

另一方面，很多诸侯在自己的小国里继续分土地，导致地方的权力太分散。时间长了，土地边界越来越不清楚，各个"小国"之间经常发生冲突，最后出现了大量战争。

到这时候，<u>周王</u>和亲戚们和和气气管理国家的梦想彻底结束。公元前 475 年，<u>周朝</u>进入了<u>战国</u>时期。

Jiù xiàng míngzi shuō de nàyàng, zhīhòu de 200 nián lǐ, Zhōngguó de tǔdì bèi gègè zhūhóu zhànlǐng. Měi gè zhūhóu dōu chēng zìjǐ wéi wáng, wáng shàngmian bú zài yǒu gèng gāo de quánlì guǎnlǐzhě, zhūhóu guǎnlǐ de dìfang dàxiǎo wánquán kàn zìjǐ guójiā de jīngjì hé jūnshì shílì ér dìng. Guīzé hé zhìxù yǐjīng chéngwéi guòqù, zhǐyǒu quánlì de yùwàng zài búduàn zēngzhǎng.

Zài zhège shíqī, yǒu jǐ gè nénglì tèbié qiáng de zhūhóu, zài lìshǐ shàng bèi chēngwéi "Zhànguó Qī Xióng", jiù shì Qínguó, Hánguó, Zhàoguó, Wèiguó, Chǔguó, Yānguó hé Qíguó.

Qín Shǐhuáng, jiù zài zhèyàng de bèijǐng xià chūshēng le. Tā shì yí gè bēijù yīngxióng, shì Qínguó hé Zhàoguó zhījiān wújìn de zhànzhēng yǔ fùzá de zhèngzhì dòuzhēng zàojiù le tā. Tā de rénshēng gùshi, bìng bú shì cóng shūshì de huánggōng kāishǐ de, ér shì zài zhànchǎng shàng, zài zhìzǐ zhìdù de yīnyǐng xià kāishǐ de.

就像名字说的那样，之后的 200 年里，中国的土地被各个诸侯占领。每个诸侯都称自己为王，王上面不再有更高的权力管理者，诸侯管理的地方大小完全看自己国家的经济和军事实力而定。规则和秩序已经成为过去，只有权力的欲望在不断增长。

在这个时期，有几个能力特别强的诸侯，在历史上被称为"战国七雄"，就是秦国、韩国、赵国、魏国、楚国、燕国和齐国。

秦始皇，就在这样的背景下出生了。他是一个悲剧英雄，是秦国和赵国之间无尽的战争与复杂的政治斗争造就了他。他的人生故事，并不是从舒适的皇宫开始的，而是在战场上，在质子制度的阴影下开始的。

Dì Èr Zhāng:

Shāng Yāng Biànfǎ Ràng Qínguó Biàn Qiáng, Wángzǐ Huídào Qínguó

Zài Zhànguó Qī Xióng lǐ, yǒu liǎng gè guójiā shì línjū, érqiě shílì míngxiǎn bǐ qítā wǔ gè guójiā qiáng, zhè liǎng gè guójiā jiù shì Zhàoguó hé Qínguó. Rúguǒ zhǐ kàn guójiā shílì, tāmen chàbuduō. Dànshì Zhàoguó yǒu hěn duō gāoshān, suǒyǐ hěn nán dǎ jìnqù, érqiě jūnduì yě hěn lìhai, suǒyǐ yìzhí shì Qínguó hěn nán duìfu de duìshǒu.

Suīrán jīngcháng dǎzhàng, dàn lǎobǎixìng yě xūyào xiūxi. Suǒyǐ wèi le biǎoshì hépíng de chéngyì, Zhànguó shíqī de zhūhóuguó zhījiān liúxíng yì zhǒng zhìdù, jiào zhìzǐ zhìdù. Zhè jiù huídào wǒmen wénzhāng kāitóu shuō de, yòng háizi qù kòngzhì fùmǔ.

Suǒwèi zhìzǐ, qíshí jiù shì rénzhì, dàn jiào rénzhì bù

第二章：
商鞅变法让秦国变强，王子回到秦国

在<u>战国</u>七雄里，有两个国家是邻居，而且实力明显比其他五个国家强，这两个国家就是<u>赵国</u>和<u>秦国</u>。如果只看国家实力，它们差不多。但是<u>赵国</u>有很多高山，所以很难打进去，而且军队也很厉害，所以一直是<u>秦国</u>很难对付的对手。

虽然经常打仗，但老百姓也需要休息。所以为了表示和平的诚意，<u>战国</u>时期的诸侯国之间流行一种制度，叫质子制度。这就回到我们文章开头说的，用孩子去控制父母。

所谓质子，其实就是人质，但叫人质不

hǎotīng, Zhànguó shíqī de zhèngzhìjiāmen jiù gěi tā jiā le yí gè hǎotīng de shuōfǎ, jiù shì shuō, yí gè guójiā de guówáng bǎ zìjǐ de érzi sòng gěi lìng yí gè guójiā de guówáng zuò yǎngzǐ. Zhèyàng yì lái, zhège niánqīng rén jì shì wēixié díguó de rénzhì, dàn zài míngyì shàng yě shì wángzǐ, suǒyǐ jiào zhìzǐ.

Kěyǐ xiǎngxiàng, bèi xuǎn qù zuò zhìzǐ de niánqīng rén, yìshēng dàduō dōu hěn bēicǎn.

Huángdì juéduì bú huì bǎ zìjǐ zuì xǐhuan de háizi sòng qù dāng rénzhì. Zài Zhōngguó gǔdài, yí gè nánrén kěyǐ qǔ hǎo jǐ gè qīzi, nǚxìng de dìwèi bǐjiào dī. Zài zhèxiē qīzi lǐ, yǒu chūshēn hěn gāoguì de guìzú huòzhě guānyuán de nǚ'ér, wèi le lālǒng tāmen de jiārén, huángdì zìrán huì xǐhuan tāmen. Yě yǒu yìxiē fēizi zhǎng de fēicháng piàoliang, yě nǔlì duì huángdì hǎo, tāmen de rìzi yě bú huì tài chà. Zuì cǎn de shì nàxiē tiáojiàn yìbān,

好听，<u>战国</u>时期的政治家们就给它加了一个好听的说法，就是说，一个国家的国王把自己的儿子送给另一个国家的国王做养子。这样一来，这个年轻人既是威胁敌国的人质，但在名义上也是王子，所以叫质子。

可以想象，被选去做质子的年轻人，一生大多都很悲惨。

皇帝绝对不会把自己最喜欢的孩子送去当人质。在<u>中国</u>古代，一个男人可以娶好几个妻子，女性的地位比较低。在这些妻子里，有出身很高贵的贵族或者官员的女儿，为了拉拢她们的家人，皇帝自然会喜欢她们。也有一些妃子长得非常漂亮，也努力对皇帝好，她们的日子也不会太差。最惨的是那些条件一般、

yě méi shénme yěxīn, zhǐshì bèi dìfāng guānyuán
sòng jìn gōng lǐ lái de nǚzǐ, huángdì duì tāmen de
xīnxiāngǎn yí guò, jiù zài yě bú huì xiǎngqǐ tāmen le.

Zuòwéi Qínguó de tàizǐ, Āngúojūn hé bùtóng de
fēizi shēng le 20 duō gè háizi. Qízhōng yǒu yí duì
mǔzǐ, mǔqīn jiào Xià Jī, érzi jiào Qín Yìrén, tāmen
mǔzǐ liǎ dōu bú bèi Āngúojūn zhòngshì hé xǐhuan.
Suǒyǐ, Qín Yìrén niánqīng de shíhou, jiù bèi tā de
fùqīn hé zǔfù dàngchéng gōngjù, sòng dào le
Zhàoguó dāng zhìzǐ.

Jì shì yǎngzǐ yòu shì rénzhì, Qín Yìrén zài Zhàoguó de
rìzi kěyǐ xiǎngxiàng, fēicháng bù hǎoguò. Qíshí zhè
yě shì suǒyǒu zhìzǐ dōu huì yùdào de qíngkuàng:
biǎomiàn shàng, nǐ yǒu hé wángzǐ yíyàng de
shēnfèn, dàn nǐ de yǎngfù bú huì gěi nǐ tài hǎo de
shēnghuó tiáojiàn, yě juéduì bú huì péiyǎng nǐ,
jiàoyù nǐ, yīnwèi tā pà nǐ biàn qiángdà huì yǒu
wēixiǎn. Dàn rúguǒ yǒu yì tiān liǎng gè guójiā
guānxi bù hǎo

也没什么野心，只是被地方官员送进宫里来的女子，皇帝对她们的新鲜感一过，就再也不会想起她们了。

作为秦国的太子，安国君和不同的妃子生了 20 多个孩子。其中有一对母子，母亲叫夏姬，儿子叫秦异人，他们母子俩都不被安国君重视和喜欢。所以，秦异人年轻的时候，就被他的父亲和祖父当成工具，送到了赵国当质子。

既是养子又是人质，秦异人在赵国的日子可以想象，非常不好过。其实这也是所有质子都会遇到的情况：表面上，你有和王子一样的身份，但你的养父不会给你太好的生活条件，也绝对不会培养你、教育你，因为他怕你变强大会有危险。但如果有一天两个国家关系不好

le, dì-yī gè yào shā de rén jiù shì nǐ.

Kěshì, huángdì xiǎng kuòdà zìjǐ de shìlì, zěnme huì yīnwèi xīnténg háizi jiù bú zuò ne? Yǒu yí gè hěn cánrěn de kěnéng, jiù shì dāng Āngúojūn bǎ Qín Yìrén sòng chūqu de nà yí kè, xīnlǐ jiù dāng tā yǐjīng sǐ le. Yǐhòu rúguǒ Qínguó yào dǎ Zhàoguó, Āngúojūn jiù zhǐ dāng zhège érzi shì wèi guójiā xīshēng le.

Zhège shíhou de Āngúojūn zuòmèng yě bú huì xiǎngdào, zhège bèi tā qīngshì de érzi, yǐhòu huì huídào Qínguó jìchéng tā de wángwèi. Tā gèng xiǎng bu dào, hěn duō nián yǐhòu, zhège érzi de érzi huì dài zhe Qínguó xiāomiè qítā liù gè guójiā, chéngwéi zhěnggè Zhōnghuá dàdì shàng wéiyī de wáng. Āngúojūn de rénshēng lǐxiǎng, yòng tā zuì xiǎng bu dào de fāngshì shíxiàn le. Rénmen cháng shuō, xìjù láizì shēnghuó, yīnwèi shēnghuó lǐ chōngmǎn le qíjì.

了，第一个要杀的人就是你。

可是，皇帝想扩大自己的势力，怎么会因为心疼孩子就不做呢？有一个很残忍的可能，就是当安国君把秦异人送出去的那一刻，心里就当他已经死了。以后如果秦国要打赵国，安国君就只当这个儿子是为国家牺牲了。

这个时候的安国君做梦也不会想到，这个被他轻视的儿子，以后会回到秦国继承他的王位。他更想不到，很多年以后，这个儿子的儿子会带着秦国消灭其他六个国家，成为整个中华大地上唯一的王。安国君的人生理想，用他最想不到的方式实现了。人们常说，戏剧来自生活，因为生活里充满了奇迹。

Dàn jiùsuàn shì qíjì, yě shì yǒu yuányīn de. Ér Qín Yìrén shēnshàng fāshēng de qíjì, lí bu kāi sān gè zhòngyào de tiáojiàn: hǎo de shíjiān, hǎo de bāngshǒu, hé hǎo de érzi.

Wǒmen xiān shuō shíjiān.

Zhànguó chūqī, Qínguó qíshí shì qī gè guójiā lǐ zuì ruò de. Ruò jiù yào bèi rén dǎ, suǒyǐ dāngshí de Qínguó huángdì fābù le yí gè mìnglìng, xúnzhǎo yǒu nénglì de rén, jiéguǒ zhāolái le yí wèi Wèiguó de guìzú: Shāng Yāng. Nà shíhou, Shāng Yāng de xiǎngfǎ zài Wèiguó méi rén yòng, dàn zài Qínguó bèi dàdǎn de cǎiyòng le, zhè ràng Qínguó de shílì zài zhīhòu de yì bǎi nián lǐ yuèláiyuè qiáng.

Qiánmian wǒmen shuō guo, Zhōucháo shíxíng de shì fēnfēngzhì, zhǐyào shì huángdì de qīnqi, jiù kěyǐ zuò guójiā de guǎnlǐzhě. Dàn Shāng Yāng rènwéi, yí gè guójiā yào biàn qiáng,

但就算是奇迹，也是有原因的。而<u>秦异人</u>身上发生的奇迹，离不开三个重要的条件：好的时间、好的帮手、和好的儿子。

我们先说时间。

<u>战国</u>初期，<u>秦国</u>其实是七个国家里最弱的。弱就要被人打，所以当时的<u>秦国</u>皇帝发布了一个命令，寻找有能力的人，结果招来了一位<u>卫国</u>的贵族：<u>商鞅</u>。那时候，<u>商鞅</u>的想法在<u>卫国</u>没人用，但在<u>秦国</u>被大胆地采用了，这让<u>秦国</u>的实力在之后的一百年里越来越强。

前面我们说过，<u>周朝</u>实行的是分封制，只要是皇帝的亲戚，就可以做国家的管理者。但<u>商鞅</u>认为，一个国家要变强，

jiù bìxū yòng guīju lái dàitì guānxi, qǔxiāo guìzú de tèshū dàiyù.

Qícì, dǎzhàng de niándài, guójiā de jūnduì lìliàng fēicháng zhòngyào, suǒyǐ Shāng Yāng tíyì yào jiǎnglì nàxiē wèi guójiā dǎ shèngzhàng de rén, ràng tāmen zuò guān, bìngqiě kěyǐ ràng tāmen de zǐsūn jìchéng guānwèi, zhè dàdà jīfā le Qínguó jūnduì de zhàndòulì.

Dì-sān, jiù shì yào tígāo nóngyè de shēngchǎn. Bǐshí de Qínguó huángdì zài Shāng Yāng de jiànyì xià, bǎ guìzú de yìxiē tǔdì fēn gěi le nóngmín, hái jiǎnshǎo le tāmen de shuì, gǔlì dàjiā dōu lái nǔlì shēngchǎn liángshi.

Zhèxiē zuòfǎ quèshí ràng guójiā biàn qiáng le, dàn yě quèshí dézuì le bù shǎo rén. Suǒyǐ, zài lǎo huángdì qùshì hòu bù jiǔ, yìxiē yǒu quánshì de rén jiù zàoyáo shuō Shāng Yāng xiǎng yào zàofǎn. Xīn huángdì tīng le tāmen de huà, chǔsǐ le

就必须用规矩来代替关系，取消贵族的特殊待遇。

其次，打仗的年代，国家的军队力量非常重要，所以<u>商鞅</u>提议要奖励那些为国家打胜仗的人，让他们做官，并且可以让他们的子孙继承官位，这大大激发了<u>秦国</u>军队的战斗力。

第三，就是要提高农业的生产。彼时的<u>秦国</u>皇帝在<u>商鞅</u>的建议下，把贵族的一些土地分给了农民，还减少了他们的税，鼓励大家都来努力生产粮食。

这些做法确实让国家变强了，但也确实得罪了不少人。所以，在老皇帝去世后不久，一些有权势的人就造谣说<u>商鞅</u>想要造反。新皇帝听了他们的话，处死了

Shāng Yāng. Dàn Shāng Yāng zuì lìhai de, shì tā de sīxiǎng. Tā sǐ hòu, biànfǎ yīrán zài Qínguó jìxù le yì bǎi nián. Zhè yì bǎi nián lǐ, suīrán huángdì huàn le yí gè yòu yí gè, dàn Qínguó háishi yìzhí zài kuàisù fāzhǎn, cóng zuì ruò biànchéng le qiángguó, zài fāzhǎn dào hòulái gǎn qù dǎ Zhàoguó de shǒudū. Kěyǐ shuō, zhè shíhou Qínguó de bàzhǔ dìwèi yuèláiyuè míngxiǎn, tǒngyī zhěnggè Zhōnghuá, zhǐshì shíjiān wèntí le.

Shuō wán shíjiān, zài shuōshuo rén de yīnsù.

Nǐ yídìng hěn hàoqí, Qín Yìrén shì zhìzǐ, suíshí dōu yǒu bèi shā de wēixiǎn, shénmeyàng de rén gǎn hé tā jiéhūn shēng háizi? Shuō dào zhèlǐ, jiù bùdébù tí Qín Yìrén hé Qín Shǐhuáng fùzǐ rénshēng zhōng yí gè hěn zhòngyào de bāngshǒu: fùshāng Lǚ Bùwéi.

Zhōngguó yǒu jù lǎohuà jiào "yīngxióng bú wèn chūchù", jiù

商鞅。但商鞅最厉害的，是他的思想。他死后，变法依然在秦国继续了一百年。这一百年里，虽然皇帝换了一个又一个，但秦国还是一直在快速发展，从最弱变成了强国，再发展到后来敢去打赵国的首都。可以说，这时候秦国的霸主地位越来越明显，统一整个中华，只是时间问题了。

说完时间，再说说人的因素。

你一定很好奇，秦异人是质子，随时都有被杀的危险，什么样的人敢和他结婚生孩子？说到这里，就不得不提秦异人和秦始皇父子人生中一个很重要的帮手：富商吕不韦。

中国有句老话叫"英雄不问出处"，就

shì shuō, zhēnzhèng lìhai de rén, búyòng guǎn tā chūshēn zěnmeyàng. Lǚ Bùwéi jiù shì zhèyàng. Tā chūshēn hěn dī, dàn fēicháng cōngming, yě fēicháng nǔlì. Dāng lìshǐ shàng kāishǐ jìzǎi tā de shíhou, tā yǐjīng shì Zhànguó shíqī fēicháng yǒu qián de shāngrén le.

Dàn zài gǔdài Zhōngguó, zuò shēngyi de rén shì bèi rén kànbuqǐ de. Gǔdài yǒu "shì nóng gōng shāng" zhège shuōfǎ, yìsi shì Zhōngguó gǔdài de jiējí páixù: pái zài zuì qiánmian de shì dúshū zuò guān de rén, ránhòu shì zhòngdì de nóngmín, zài ránhòu shì zuò gōng de gōngrén, dìwèi zuì dī de jiù shì shāngrén. Dāngrán, zhè zhǒng xiǎngfǎ zài xiàndài Zhōngguó yǐjīng gǎibiàn le.

Nà shíhou de rén kànbuqǐ shāngrén, xiǎo shāngfàn méi bànfǎ, dàn nàxiē hěn yǒu qián de dà shāngrén kě bú huì jiù zhèyàng suàn le. Jìrán tāmen yǒu le zhème duō qián, wèishénme bù gāncuì yòng qián lái mǎi xià yí gè guójiā, ràng zìjǐ

是说，真正厉害的人，不用管他出身怎么样。吕不韦就是这样。他出身很低，但非常聪明，也非常努力。当历史上开始记载他的时候，他已经是战国时期非常有钱的商人了。

但在古代中国，做生意的人是被人看不起的。古代有"士农工商"这个说法，意思是中国古代的阶级排序：排在最前面的是读书做官的人，然后是种地的农民，再然后是做工的工人，地位最低的就是商人。当然，这种想法在现代中国已经改变了。

那时候的人看不起商人，小商贩没办法，但那些很有钱的大商人可不会就这样算了。既然他们有了这么多钱，为什么不干脆用钱来买下一个国家，让自己

zuò huángdì ne? Lǚ Bùwéi jiù shì zhèyàng yí gè yǒu yuǎndà xiǎngfǎ de shāngrén, érqiě tā de zhìxiàng bù zhǐshì zuò huángdì, ér shì yào zuò nàge néng kòngzhì huángdì de rén.

Yǒu zhèyàng de yěxīn, tā kànzhòng le Qín Yìrén: yí gè suīrán yǒu huángjiā xuètǒng, dàn zài huángjiā méiyǒu yīkào de luòpò wángzǐ. Zhèyàng de rén, wúyí shì tā kěyǐ kòngzhì de duìxiàng. Yúshì Lǚ Bùwéi duì Qín Yìrén shìhǎo, bìngqiě wèi le gǒnggù tāmen zhījiān de yǒuyì, bǎ zìjǐ dāngshí de nǚ péngyou Zhào Jī jièshào gěi le Qín Yìrén zuò nǚyǒu. Lìshǐ shàng yě yǒu yì zhǒng shuōfǎ, shì Qín Yìrén yí kàndào Zhào Jī jiù xǐhuan shàng le tā, suǒyǐ juédìng qǔ tā. Dàn bùguǎn zěnyàng, Zhào Jī chéng le liánjiē Qín Yìrén hé Lǚ Bùwéi de guānjiàn rénwù, bìngqiě wèi Qín Yìrén shēng xià le érzi, jiù shì hòulái de Qín Shǐhuáng.

Zhìzǐ de érzi yě shì zhìzǐ, suǒyǐ Qín Shǐhuáng de rénshēng, yì kāishǐ jiù shì zài kàn bu jiàn de jiānyù lǐ dùguò

做皇帝呢？吕不韦就是这样一个有远大想法的商人，而且他的志向不只是做皇帝，而是要做那个能控制皇帝的人。

有这样的野心，他看中了秦异人：一个虽然有皇家血统，但在皇家没有依靠的落魄王子。这样的人，无疑是他可以控制的对象。于是吕不韦对秦异人示好，并且为了巩固他们之间的友谊，把自己当时的女朋友赵姬介绍给了秦异人做女友。历史上也有一种说法，是秦异人一看到赵姬就喜欢上了她，所以决定娶她。但不管怎样，赵姬成了连接秦异人和吕不韦的关键人物，并且为秦异人生下了儿子，就是后来的秦始皇。

质子的儿子也是质子，所以秦始皇的人生，一开始就是在看不见的监狱里度过

de.

Xiě dào zhèlǐ, wǒmen bùdébù zài huídào kāitóu shuō de: xiǎng yào kòngzhì yí gè rén, jiù yào zhuāzhù tā zuì zhēnxī de dōngxi. Zuò le fùqīn zhīhòu, Qín Yìrén gèng xiǎng yào quánlì le, tā fēicháng xiǎng huídào Qínguó. Jiù zài zhège shíhou, Lǚ Bùwéi gěi tā chū le yí gè hǎo zhǔyi: "Nǐ fùqīn kàn bu shàng nǐ, shì yīnwèi nǐ mǔqīn bù qiángdà. Rúguǒ nǐ yǒu yí gè jiālǐ shìlì hěn dà de yǎngmǔ, tā yídìng huì duì nǐ lìngyǎn xiāngkàn."

Zhège yǎngmǔ de rénxuǎn, Lǚ Bùwéi yě xiǎng hǎo le. Āngúojūn yǒu yí gè hěn xǐhuan de fēizi, jiào Huáyáng Fūrén, tā hěn duō nián dōu méiyǒu háizi. Suīrán tā cōngming yòu piàoliang, dàn Zhōngguó gǔdài nǚrén dìwèi dī, méiyǒu érzi de nǚrén, zài zhàngfu qùshì hòu, huì mǎshàng diào dào shèhuì de zuì dǐcéng, rìzi guò de hěn cǎn. Wèi le gěi zìjǐ liú tiáo hòulù, Huáyáng Fūrén hěn kuài jiēshòu le

的。

写到这里，我们不得不再回到开头说的：想要控制一个人，就要抓住他最珍惜的东西。做了父亲之后，秦异人更想要权力了，他非常想回到秦国。就在这个时候，吕不韦给他出了一个好主意："你父亲看不上你，是因为你母亲不强大。如果你有一个家里势力很大的养母，他一定会对你另眼相看。"

这个养母的人选，吕不韦也想好了。安国君有一个很喜欢的妃子，叫华阳夫人，她很多年都没有孩子。虽然她聪明又漂亮，但中国古代女人地位低，没有儿子的女人，在丈夫去世后，会马上掉到社会的最底层，日子过得很惨。为了给自己留条后路，华阳夫人很快接受了

Lǚ Bùwéi de jiànyì.

Zhè duàn guānxi jiànlì de hěn shì shíhou. Bù jiǔ zhīhòu, Qínguó gōngdǎ Zhàoguó de shǒudū, Zhào Wáng hěn shēngqì, xiǎng shādiào zhìzǐ Qín Yìrén. Qín Yìrén zài Lǚ Bùwéi de bāngzhù xià, tōutōu táohuí le Qínguó, dànshì què méi néng dàizǒu tā de lǎopo hé háizi.

Nà shíhou Qín Shǐhuáng cái liǎng suì, gēn zhe mǔqīn dàochù duǒcáng, shēnghuó hěn bù āndìng. Zhídào tā 9 suì de shíhou, Qín Yìrén zài yǎngmǔ de bāngzhù xià bèi lì wéi Qínguó de tàizǐ, cái chénggōng de bǎ Qín Shǐhuáng jiēhuí le Qínguó.

Huídào Qínguó de Qín Shǐhuáng, bǎ zìjǐ de xìng cóng Zhào (dāng zhìzǐ de rén dōu yào gēn zhe yǎngfù xìng) gǎihuí le Yíng.

Hěn duō xǐhuan Qín Shǐhuáng de rén kěnéng bù zhīdào,

吕不韦的建议。

这段关系建立得很是时候。不久之后，秦国攻打赵国的首都，赵王很生气，想杀掉质子秦异人。秦异人在吕不韦的帮助下，偷偷逃回了秦国，但是却没能带走他的老婆和孩子。

那时候秦始皇才两岁，跟着母亲到处躲藏，生活很不安定。直到他 9 岁的时候，秦异人在养母的帮助下被立为秦国的太子，才成功地把秦始皇接回了秦国。

回到秦国的秦始皇，把自己的姓从赵（当质子的人都要跟着养父姓）改回了嬴。

很多喜欢秦始皇的人可能不知道，

"Qín Shǐhuáng" shì tā tǒngyī liù guó zhīhòu gěi zìjǐ qǐ
de míngzi, tā yuánlái de míngzi, jiào Yíng Zhèng.
Zhège míngzi hěn qímiào de yùshì le tā de wèilái.
"Yíng" zài Zhōngwén lǐ shì shènglì de yìsi, ér "Zhèng"
zhǐ de shì zhèngzhì, hé zài yìqǐ jiù shì: chéngwéi
quánlì de yíngjiā.

“<u>秦始皇</u>”是他统一六国之后给自己起的名字，他原来的名字，叫<u>嬴政</u>。这个名字很奇妙地预示了他的未来。“<u>嬴</u>”在中文里是胜利的意思，而“<u>政</u>”指的是政治，合在一起就是：成为权力的赢家。

Dì Sān Zhāng:
Shàonián Guówáng de Juéxǐng hé Tā Tǒngyī Zhōngguó de Gùshi

Qín Shǐhuáng yì chūshēng jiù shì rénzhì, liǎng suì qǐ zài dānqīn jiātíng lǐ zhǎngdà, 9 suì cái huídào Qínguó, 13 suì dāng shàng huángdì. Biǎomiàn shàng kàn, tā de mìngyùn hǎoxiàng biàn hǎo le, kǔ rìzi zhōngyú dàotóu le. Dàn zǐxì xiǎng yi xiǎng, tā zhè shíhou de chǔjìng, qíshí bǐ zài Zhàoguó de shíhou gèng gūdú, yě gèng wēixiǎn.

Yòng yí gè hěn xíngxiàng de bǐyù lái shuō: jiù xiàng yí gè hái bú huì zǒulù de xiǎohái, huái lǐ bào zhe bǎobèi zhàn zài rènao de dàjiē shàng, shuí bù xiǎng qiǎng tā ne? Shuí yòu bù gǎn qiǎng tā ne?

Suǒyǐ, Qín Shǐhuáng gāng dāng shàng huángdì de shíhou, shì fēicháng bèidòng de. Yì fāngmiàn, ànzhào Qínguó guīju, tā

第三章：
少年国王的觉醒和他统一中国的故事

秦始皇一出生就是人质，两岁起在单亲家庭里长大，9 岁才回到秦国，13 岁当上皇帝。表面上看，他的命运好像变好了，苦日子终于到头了。但仔细想一想，他这时候的处境，其实比在赵国的时候更孤独，也更危险。

用一个很形象的比喻来说：就像一个还不会走路的小孩，怀里抱着宝贝站在热闹的大街上，谁不想抢他呢？谁又不敢抢他呢？

所以，秦始皇刚当上皇帝的时候，是非常被动的。一方面，按照秦国规矩，他

yào děngdào 22 suì yǐhòu cái néng zhèngshì guǎnlǐ guójiā, suǒyǐ tā méiyǒu zhēnzhèng de quánlì; lìng yì fāngmiàn, Qínguó de zǎixiàng, tóngshí yě shì Qín Shǐhuáng de "zhòngfù" (zhège chēnghu de yìsi shì zhǐ xiàng fùqīn yíyàng zhídé zūnjìng de zhǎngbèi) Lǚ Bùwéi, fēicháng qiángdà. Dào zhège shíhou, Lǚ Bùwéi zhōngyú shíxiàn le zìjǐ de mùbiāo: zuò huángdì de zhǔrén, yě shì Qínguó zhēnzhèng de guǎnlǐzhě.

Nǐ kěnéng huì juéde qíguài, suīrán fùqīn sǐ de zǎo, dàn Qín Shǐhuáng hái yǒu mǔqīn Zhào Jī, wèishénme zhège shíhou Zhào Jī méiyǒu bāngzhù tā ne? Shuō dào zhège, jiù bùdébù pèifú shāngrén Lǚ Bùwéi duì rénxìng de liǎojiě. Qíshí, zài Qín Yìrén sǐ hòu méi duō jiǔ, Lǚ Bùwéi jiù qiāoqiāo zuò le yí jiàn miàoshì, tā gěi Zhào Jī jièshào le yí gè nán péngyou.

Zhào Jī shì yí gè shénmeyàng de rén ne? Tā niánqīng de shí

要等到 22 岁以后才能正式管理国家，所以他没有真正的权力；另一方面，<u>秦国</u>的宰相，同时也是<u>秦始皇</u>的"仲父"（这个称呼的意思是指像父亲一样值得尊敬的长辈）<u>吕不韦</u>，非常强大。到这个时候，<u>吕不韦</u>终于实现了自己的目标：做皇帝的主人，也是<u>秦国</u>真正的管理者。

你可能会觉得奇怪，虽然父亲死得早，但<u>秦始皇</u>还有母亲<u>赵姬</u>，为什么这个时候<u>赵姬</u>没有帮助他呢？说到这个，就不得不佩服商人<u>吕不韦</u>对人性的了解。其实，在<u>秦异人</u>死后没多久，<u>吕不韦</u>就悄悄做了一件妙事，他给<u>赵姬</u>介绍了一个男朋友。

<u>赵姬</u>是一个什么样的人呢？她年轻的时

hou hé dìwèi bù gāo de shāngrén tán liàn'ài, hòulái yòu gěi zhìzǐ zuò lǎopo. Hǎo bù róngyì shēng le érzi, zhàngfu què zìjǐ táopǎo le, tā bùdébù zuò le 7 nián de dānqīn māma. Jiéguǒ fūqī liǎ gāng tuánjù, zhàngfu yòu zǎozǎo qùshì le. Kěyǐ xiǎngxiàng, Zhào Jī de yìshēng shì fēicháng quēshǎo ài de. Suǒyǐ, Lǚ Bùwéi jiù tóu qí suǒ hào, bǎ zìjǐ de yí gè ménkè (xiāngdāng yú Lǚ Bùwéi qǐng de bāngmáng zuòshì de rén): yí gè zhǎng de fēicháng hǎokàn de nánzǐ, jiào Lào Ǎi, jièshào gěi le tā. Lào Ǎi bùjǐn zhǎng de shuài, érqiě fēicháng huì tǎo nǚrén xǐhuan, hěn kuài Zhào Jī jiù ài shàng le tā.

Yí gè bèi àiqíng chōnghūn le tóunǎo de nǚrén, shì gēnběn xiǎng bu qǐ zìjǐ hái yǒu wéi tàihòu hé wéi mǔqīn de zérèn de. Ài dào shēnchù, Zhào Jī gāncuì hé nányou bān le jiā, dào Qínguó shǒudū pángbiān de chéngshì guò qǐ le xiǎo rìzi, hái xiānhòu gěi Lào Ǎi shēng le liǎng gè háizi.

候和地位不高的商人谈恋爱，后来又给质子做老婆。好不容易生了儿子，丈夫却自己逃跑了，她不得不做了 7 年的单亲妈妈。结果夫妻俩刚团聚，丈夫又早早去世了。可以想象，赵姬的一生是非常缺少爱的。所以，吕不韦就投其所好，把自己的一个门客（相当于吕不韦请的帮忙做事的人）：一个长得非常好看的男子，叫嫪毐，介绍给了她。嫪毐不仅长得帅，而且非常会讨女人喜欢，很快赵姬就爱上了他。

一个被爱情冲昏了头脑的女人，是根本想不起自己还有为太后和为母亲的责任的。爱到深处，赵姬干脆和男友搬了家，到秦国首都旁边的城市过起了小日子，还先后给嫪毐生了两个孩子。

Guānyú Lǚ Bùwéi bǎ Lào Ǎi jièshào gěi Zhào Jī de yuányīn, lìshǐ shàng hái yǒu lìng yì zhǒng shuōfǎ, shì shuō Lǚ Bùwéi zuòwéi Zhào Jī de qián nányou, zài Qín Yìrén sǐ hòu, wèi le bìmiǎn bèi biérén yìlùn cái zhème zuò de. Dàn bùguǎn shì nǎ zhǒng shuōfǎ, zhège jǔdòng dōu ràng Qín Shǐhuáng biànchéng le "shìshí shàng de gū'ér", xiànrù le gūlì wúyuán de jìngdì, zhǐ néng shénme dōu tīng Lǚ Bùwéi de.

Dàn Fójiā yǒu yì zhǒng sīxiǎng: yíqiè jiē yǒu yīnguǒ. Lǚ Bùwéi yì kāishǐ juéde Lào Ǎi shì zìjǐ yòng lái kòngzhì Qín Shǐhuáng mǔzǐ de bāngshou, dàn tā wànwàn méi xiǎngdào, yǒu le tàihòu Zhào Jī de chǒng'ài hé bāngzhù, Lào Ǎi yě lùchū le zìjǐ de yěxīn. Gōngyuán qián 239 nián, Qín Shǐhuáng 20 suì, hái yǒu liǎng nián jiù kěyǐ zìjǐ guǎnlǐ guójiā le. Zhè shíhou de Lào Ǎi yǐjīng bèi fēng wéi dàguān, tā hái zìchēng shì Qín Shǐhuáng de "jiǎfù" (yě jiù shì yìfù). Nà shíhou mínjiān liúchuán zhe yí jù huà, jiào

关于吕不韦把嫪毐介绍给赵姬的原因，历史上还有另一种说法，是说吕不韦作为赵姬的前男友，在秦异人死后，为了避免被别人议论才这么做的。但不管是哪种说法，这个举动都让秦始皇变成了"事实上的孤儿"，陷入了孤立无援的境地，只能什么都听吕不韦的。

但佛家有一种思想：一切皆有因果。吕不韦一开始觉得嫪毐是自己用来控制秦始皇母子的帮手，但他万万没想到，有了太后赵姬的宠爱和帮助，嫪毐也露出了自己的野心。公元前 239 年，秦始皇 20 岁，还有两年就可以自己管理国家了。这时候的嫪毐已经被封为大官，他还自称是秦始皇的"假父"（也就是义父）。那时候民间流传着一句话，叫

"shì wú xiǎo dà jiē jué yú Ǎi", yìsi shì Qínguó xiànzài bùguǎn dàshì xiǎoshì, dōu shì Lào Ǎi shuō le suàn. Kějiàn Lào Ǎi de quánlì hěn dà, yǐjīng hé Lǚ Bùwéi chàbuduō le. Júmiàn kāishǐ shīkòng, yì chǎng pànluàn suíshí kěnéng fāshēng.

Zuìhòu, zài Qín Shǐhuáng jǔxíng 22 suì chéngrénlǐ de nà tiān, Lào Ǎi dài bīng chōng jìn shǒudū, xiǎng yào zàofǎn. Qín Shǐhuáng zǎo yǒu zhǔnbèi, lìkè pài le liǎng gè tā hěn xìnrèn de dàchén, qù dǎjī pànluàn. Yīnwèi Qín jūn zhǔnbèi de hěn chōngfèn, Lào Ǎi de jūnduì hěn kuài bèi dǎbài le, zuìhòu Lào Ǎi bèi zhuā, shòudào le zuì yánlì de chéngfá, tàihòu Zhào Jī yě bèi guān le qǐlái. Ér Lǚ Bùwéi zài Lào Ǎi pànluàn zhīhòu yě chèdǐ shīqù le quánlì: tā yīnwèi jièshào Lào Ǎi jìn gōng bèi zhuījiū zérèn, miǎnqù le zǎixiàng de zhíwèi, ràng tā huí lǎojiā yǎnglǎo, zuìzhōng xīnqíng yùmèn, hē dújiǔ zìshā le.

"事无小大皆决于毐"，意思是秦国现在不管大事小事，都是嫪毐说了算。可见嫪毐的权力很大，已经和吕不韦差不多了。局面开始失控，一场叛乱随时可能发生。

最后，在秦始皇举行 22 岁成人礼的那天，嫪毐带兵冲进首都，想要造反。秦始皇早有准备，立刻派了两个他很信任的大臣，去打击叛乱。因为秦军准备得很充分，嫪毐的军队很快被打败了，最后嫪毐被抓，受到了最严厉的惩罚，太后赵姬也被关了起来。而吕不韦在嫪毐叛乱之后也彻底失去了权力：他因为介绍嫪毐进宫被追究责任，免去了宰相的职位，让他回老家养老，最终心情郁闷，喝毒酒自杀了。

Jīngguò zhè cì zhàndòu, Qín Shǐhuáng zài cháotíng de dàchénmen miànqián shùlì le juéduì de wēixìn, Qínguó de zhèngzhì xīn géjú yě jīběn dìng xiàlái le. Zhīhòu, tā zhǎngwò le suǒyǒu dàquán, cháozhe tǒngyī tiānxià de mùbiāo yí bù bù wǎng qián zǒu. Tā xiān zài gōngyuán qián 230 nián mièdiào le Hánguó, liǎng nián zhīhòu yòu miè le zìjǐ de chóujiā Zhàoguó, zhīhòu chàbuduō měi liǎng dào sān nián jiù xiāomiè yí gè zhūhóuguó, zhōngyú zài gōngyuán qián 221 nián mièdiào le zuìhòu yí gè guójiā, Qíguó. Dào zhè shíhou, Zhànguó Qī Xióng lǐ zhǐ shèngxià Qínguó yí gè guójiā, lìshǐ yě xiàng qián màijìn le yí dà bù: Qín Shǐhuáng zhōngyú jiànlì le shǔyú zìjǐ de shídài: Qíncháo.

Huígù Qín Shǐhuáng zài tǒngyī Zhōngguó zhīqián de rénshēng jīnglì, wǒmen bù nán kànchū, tā bǐ tónglíng rén yào chéngshú de duō, yě gèng yǒu xiǎngfǎ. Xiǎngxiang kàn, zuòwéi yí gè méiyǒu quánlì de huángdì, tā nénggòu nàme kuài de jiéshù

经过这次战斗，秦始皇在朝廷的大臣们面前树立了绝对的威信，秦国的政治新格局也基本定下来了。之后，他掌握了所有大权，朝着统一天下的目标一步步往前走。他先在公元前 230 年灭掉了韩国，两年之后又灭了自己的仇家赵国，之后差不多每两到三年就消灭一个诸侯国，终于在公元前 221 年灭掉了最后一个国家，齐国。到这时候，战国七雄里只剩下秦国一个国家，历史也向前迈进了一大步：秦始皇终于建立了属于自己的时代：秦朝。

回顾秦始皇在统一中国之前的人生经历，我们不难看出，他比同龄人要成熟得多，也更有想法。想想看，作为一个没有权利的皇帝，他能够那么快地结束

pànluàn, kào de yídìng bú shì yùnqi. Cháotíng lǐ nàme duō rén zài yìlùn, tā zěnme kěnéng méi tīngdào zìjǐ mǔqīn hé Lào Ǎi nàxiē bù hé guīju de shì ne? Tā yòu zěnme kěnéng kàn bu chū Lǚ Bùwéi xiǎng zhǎngquán de yěxīn ne? Dànshì nà shíhou, tā de shílì hái búgòu qiáng, zhǐ néng xiān yǐnrěn.

Zhèyàng zuò qíshí yǒu liǎng gè hǎochù.

Dì-yī gè hǎochù shì, ràng dírén duì tā fàngsōng jǐngtì. Yào zhīdào, Qín Shǐhuáng de fùqīn Qín Yìrén, dāng shàng huángdì cái sān nián jiù tūrán shēngbìng sǐ le, tā dàodǐ wèishénme bìng, dào xiànzài dōu shì yí gè mí, cóng zhèlǐ jiù néng kànchū quánlì dòuzhēng yǒu duō xiōngxiǎn. Zài dāngshí nà zhǒng qíngkuàng xià, xiǎng fānshēn, děi xiān bǎozhù mìng; xiǎng huómìng, jiù děi tīng nàxiē yǒu quánlì de rén (bǐrú Lǚ Bùwéi) de huà.

叛乱，靠的一定不是运气。朝廷里那么多人在议论，他怎么可能没听到自己母亲和嫪毐那些不合规矩的事呢？他又怎么可能看不出吕不韦想掌权的野心呢？但是那时候，他的实力还不够强，只能先隐忍。

这样做其实有两个好处。

第一个好处是，让敌人对他放松警惕。要知道，秦始皇的父亲秦异人，当上皇帝才三年就突然生病死了，他到底为什么病，到现在都是一个谜，从这里就能看出权力斗争有多凶险。在当时那种情况下，想翻身，得先保住命；想活命，就得听那些有权利的人（比如吕不韦）的话。

Dì-èr gè hǎochù shì, ràng dírén hùxiāng zhēngdòu, zìjǐ zuìhòu dédào hǎochù. Qín Shǐhuáng gùyì bù guǎn Lào Ǎi, ràng tā shìlì biàn dà, shíjì shàng shì zài gěi Lǚ Bùwéi zhìzào dírén. Dāng tāmen juéde zhège xiǎo huángdì méi shénme hǎo pà de, fǎn'ér bǎ duìfāng dāngchéng duìshǒu de shíhou, Qín Shǐhuáng jiù kěyǐ búyòng dòngshǒu jiù yíng le.

Bié wàng le, zhè shíhou de Qín Shǐhuáng hái zhǐshì yí gè bú dào 20 suì de niánqīng rén. Cóng 13 suì dào 20 suì, zài dàduōshù rén hái zài guǎn fùmǔ yào línghuāqián, xiě qíngshū de niánjì, Qín Shǐhuáng què yǐjīng dǒngde le yào bǎ yěxīn hé yùwàng cáng zài xīnlǐ, biǎomiàn shàng hé dàjiā gǎohǎo guānxi de dàolǐ, zhè yì diǎn ràng rén juéde tā yòu zhídé jìngpèi, yòu yǒudiǎn kěpà.

Guānyú Qín Shǐhuáng de xīnjī, lìshǐ shàng yǒu yí gè gùshi. Qín Shǐhuáng zhǎngquán zhīhòu, xiǎng yào tǒngyī liù guó, jiù zhǎo le hěn duō yǒu cáinéng de rén lái bāngmáng, qízhōng yǒu

第二个好处是，让敌人互相争斗，自己最后得到好处。秦始皇故意不管嫪毐，让他势力变大，实际上是在给吕不韦制造敌人。当他们觉得这个小皇帝没什么好怕的，反而把对方当成对手的时候，秦始皇就可以不用动手就赢了。

别忘了，这时候的秦始皇还只是一个不到 20 岁的年轻人。从 13 岁到 20 岁，在大多数人还在管父母要零花钱、写情书的年纪，秦始皇却已经懂得了要把野心和欲望藏在心里，表面上和大家搞好关系的道理，这一点让人觉得他又值得敬佩，又有点可怕。

关于秦始皇的心机，历史上有一个故事。秦始皇掌权之后，想要统一六国，就找了很多有才能的人来帮忙，其中有

yí gè jiào Wèi Liáo, zhège rén Qín Shǐhuáng fēicháng kànzhòng. Dànshì Wèi Liáo zài Qínguó gàn le yí duàn shíjiān hòu, què tūrán cízhí táozǒu le. Zhè shì wèishénme ne? Gēnjù lìshǐ jìzǎi, Wèi Liáo dāngshí shì zhème shuō de: Qín Shǐhuáng zhège rén, biǎomiàn shàng kànqǐlai hěn héqi, suīrán guì wéi huángdì, què yuànyì duì xiàmiàn de rén yòng píngděng de lǐjié, zhè jiàn shì tài bú zhèngcháng le. Kějiàn tā shì nà zhǒng bǎ xiōnghěn dōu cáng zài xīnlǐ de rén, rúguǒ tā dédào le tiānxià, huì bǎ suǒyǒu rén dōu dāngchéng tā de núlì de.

Ér Wèi Liáo de zhè fān huà, zài Qín tǒngyī Zhōngguó zhīhòu, yě yídìng chéngdù shàng shíxiàn le.

一个叫尉缭，这个人秦始皇非常看重。但是尉缭在秦国干了一段时间后，却突然辞职逃走了。这是为什么呢？根据历史记载，尉缭当时是这么说的：秦始皇这个人，表面上看起来很和气，虽然贵为皇帝，却愿意对下面的人用平等的礼节，这件事太不正常了。可见他是那种把凶狠都藏在心里的人，如果他得到了天下，会把所有人都当成他的奴隶的。

而尉缭的这番话，在秦统一中国之后，也一定程度上实现了。

Dì Sì Zhāng:

Qíncháo: Quánmiàn Kòngzhì Xià de Guómín Shēnghuó

Qiánmian wǒmen jiǎng le Qín Shǐhuáng rúhé yí bù bù nìxí, zuìzhōng jiànlì le shǔyú zìjǐ de shídài. Nàme jiēxiàlái, wǒmen jiù lái kàn yī kàn, tǒngyī tiānxià zhīhòu, tā shì yòng shénmeyàng de xiǎngfǎ qù guǎnlǐ guójiā, yòu zěnme yǐngxiǎng le hòulái de Zhōngguórén.

Zài jiǎng Qíncháo de zhèngzhì, jīngjì, lǎobǎixìng de shēnghuó zhèxiē jùtǐ de shìqing zhīqián, wǒmen xiān lái liǎojiě yíxià Qín Shǐhuáng xīnlǐ shì zěnme xiǎng de, tā xiāngxìn shénme.

Zài Zhōucháo, yě jiù shì Qíncháo zhīqián de nàge cháodài, yǒu liǎng zhǒng fēicháng zhòngyào de sīxiǎng wénhuà: yì zhǒng shì Rújiā, yì zhǒng shì Fǎjiā. Zhè liǎng zhǒng sīxiǎng dōu yǒu yìxiē huángdì xǐhuan, dàn duì lǎobǎixìng lái shuō, tāmen dàilái

第四章：
<u>秦朝</u>：全面控制下的国民生活

前面我们讲了<u>秦始皇</u>如何一步步逆袭，最终建立了属于自己的时代。那么接下来，我们就来看一看，统一天下之后，他是用什么样的想法去管理国家，又怎么影响了后来的<u>中国</u>人。

在讲<u>秦朝</u>的政治、经济、老百姓的生活这些具体的事情之前，我们先来了解一下<u>秦始皇</u>心里是怎么想的，他相信什么。

在<u>周朝</u>，也就是<u>秦朝</u>之前的那个朝代，有两种非常重要的思想文化：一种是<u>儒家</u>，一种是<u>法家</u>。这两种思想都有一些皇帝喜欢，但对老百姓来说，它们带来

de gǎnshòu shì wánquán bù yíyàng de.

Rújiā sīxiǎng qiángdiào de shì lǐ, shàn hé rén gēn rén zhījiān de guān'ài. Tā de chuànglìzhě shì quán shìjiè dōu zhīdào de Zhōngguó sīxiǎngjiā, Kǒngzǐ. Rúguǒ yí gè huángdì yòng Rújiā sīxiǎng lái zhìlǐ guójiā, yǒu yí gè hěn zhòngyào de qiántí, jiù shì tā děi xiāngxìn rén de běnxìng shì shànliáng de. Zài zhège qiántí xià, huángdì zhǐyào gěi lǎobǎixìng chuàngzào yí gè gōngpíng, wěndìng de huánjìng, nàme dàjiā zìrán jiù huì hùxiāng guān'ài, zhěnggè shèhuì jiù huì hěn héxié. Rúguǒ yǒu yìxiē rén pòhuài le shèhuì héxié, bǐrú fàn le zuì, nàme guówáng yīnggāi jiàoyù tāmen, yòng àixīn qù gǎndòng tāmen, yě jiù shì xiǎng bànfǎ bǎ tāmen xīnlǐ shànliáng de nà yí miàn zhǎo huílái, ér bú shì yíwèi de chéngfá tāmen.

Dàn Fǎjiā jiù bù yíyàng le. Fǎjiā de xiǎngfǎ shì, rén

的感受是完全不一样的。

儒家思想强调的是礼、善和人跟人之间的关爱。它的创立者是全世界都知道的中国思想家，孔子。如果一个皇帝用儒家思想来治理国家，有一个很重要的前提，就是他得相信人的本性是善良的。

在这个前提下，皇帝只要给老百姓创造一个公平、稳定的环境，那么大家自然就会互相关爱，整个社会就会很和谐。如果有一些人破坏了社会和谐，比如犯了罪，那么国王应该教育他们，用爱心去感动他们，也就是想办法把他们心里善良的那一面找回来，而不是一味地惩罚他们。

但法家就不一样了。法家的想法是，人

de xíngwéi shì yóu lìyì qūdòng de, suǒyǐ rénmen huì zuò duì zìjǐ yǒulì de shì, ér bú zuò duì zìjǐ yǒuhài de shì. Rúguǒ fànfǎ dédào de hǎochù bǐ huàichù duō, nàme rénrén dōu huì chéngwéi zuìfàn. Fǎn guòlái, rúguǒ yí gè guójiā de fǎlǜ fēicháng yángé, chéngfá huàirén de shǒuduàn fēicháng kěpà, nàme zìrán jiù méiyǒu rén gǎn fànfǎ le. Tóngshí, yě yīnwèi Fǎjiā bù xiāngxìn rén néng guǎnzhù zìjǐ de yùwàng, suǒyǐ tā jiānjué fǎnduì bǎ quánlì fēn gěi biérén, gǔlì huángdì bǎ suǒyǒu de quánlì dōu jǐnjǐn zhuā zài zìjǐ shǒulǐ.

Qín Shǐhuáng cóngxiǎo jiù zài rénxìng de zuì hēi'àn chù zhēngzhá qiúshēng, zhè ràng tā hěn nán xiāngxìn rén de běnxìng shì shànliáng de. Suǒyǐ, zuòwéi yí gè jídù xiāngxìn Fǎjiā sīxiǎng de huángdì, zài jiànlì Qíncháo zhīhòu, Qín Shǐhuáng duì Zhōucháo liú xiàlái de fǎlǜ tǐxì hé zhèngfǔ tǐxì, dōu zuòchū le jùdà de gǎibiàn.

的行为是由利益驱动的，所以人们会做对自己有利的事，而不做对自己有害的事。如果犯法得到的好处比坏处多，那么人人都会成为罪犯。反过来，如果一个国家的法律非常严格，惩罚坏人的手段非常可怕，那么自然就没有人敢犯法了。同时，也因为法家不相信人能管住自己的欲望，所以它坚决反对把权力分给别人，鼓励皇帝把所有的权力都紧紧抓在自己手里。

秦始皇从小就在人性的最黑暗处挣扎求生，这让他很难相信人的本性是善良的。所以，作为一个极度相信法家思想的皇帝，在建立秦朝之后，秦始皇对周朝留下来的法律体系和政府体系，都做出了巨大的改变。

Dì Wǔ Zhāng:
Qíncháo de Zhèngzhì yǔ Fǎlǜ

Zhèngzhì Tǐzhì: Xiàng Jīngyíng Gōngsī Yíyàng Guǎnlǐ Guójiā

Wǒmen zhīqián shuō guo, Zhōucháo de huángdì juéde bǎ quánlì fēn gěi zìjǐ de jiārén, jiù néng dàilái hépíng yǔ fāzhǎn, dàn jiéguǒ què gēn tā xiǎng de wánquán bù yíyàng. Suǒyǐ zài Qíncháo, Qín Shǐhuáng rènmìng zìjǐ wéi guójiā zhèngzhì, jīngjì hé jūnshì de zuìgāo lǐngdǎorén, quèlì le "tiānxià de shì, bùguǎn dàxiǎo, dōu yóu wǒ yí gè rén shuō le suàn" de juéduì tǒngzhì dìwèi.

Nàme zài Qíncháo, huángdì de qīnqi yě néng xiǎngshòu tèshū dàiyù ma? Méi mén!

Qín Shǐhuáng dàilǐng xià de Qíncháo, bú zài shì Zhōucháo nà zhǒng jiāzú zuōfang yíyàng de guójiā, fǎn'ér gèng xiàng yí gè xìnxī tòumíng, shēngzhí tōngdào hěn qīngchu de xiàndài gōngsī.

第五章：
秦朝的政治与法律

政治体制：像经营公司一样管理国家

我们之前说过，周朝的皇帝觉得把权力分给自己的家人，就能带来和平与发展，但结果却跟他想的完全不一样。所以在秦朝，秦始皇任命自己为国家政治、经济和军事的最高领导人，确立了"天下的事，不管大小，都由我一个人说了算"的绝对统治地位。

那么在秦朝，皇帝的亲戚也能享受特殊待遇吗？没门！

秦始皇带领下的秦朝，不再是周朝那种家族作坊一样的国家，反而更像一个信息透明、升职通道很清楚的现代公司。

Qín Shǐhuáng shèlì le yí tào yǐ "Sān Gōng Jiǔ Qīng" wéi jīchǔ de héxīn bāngshou tuánduì. Nǐ kěyǐ bǎ Qín Shǐhuáng běnrén lǐjiě wéi gōngsī de CEO, nàme zài CEO xiàmian, yǒu sān wèi bùmén zhǔguǎn, fēnbié guǎnlǐ huángdì jiālǐ de shì (xiāngdāng yú Qín Shǐhuáng de sīrén mìshū), jūnduì hé sīfǎ zhè sān gè bùmén, zhè jiù shì "Sān Gōng".

Jiēzhe, Sān Gōng xiàmian yǒu "Jiǔ Qīng", xiāngdāng yú bùmén lǐ de xiǎozǔzhǎng. Zhè jiǔ gè xiǎozǔ fēnbié fùzé: zōngjiào jìsì, huánggōng lǐ de ānquán, huánggōng wàimian de ānquán, mǎpǐ guǎnlǐ, shěnpàn ànjiàn, wàijiāo, huángdì jiāzú nèibù shìwù, shōushuì hé guójiā cáizhèng, yǐjí guānfǔ shǒugōngyè shēngchǎn zhè jiǔ gè fāngmiàn.

Suǒyǒu bùmén lǐngdǎo hé xiǎozǔzhǎng, dōu shì Qín Shǐhuáng gōngkāi xuǎnzé de, méiyǒu shuí shì kào guānxi shànglái de. Érqiě tāmen yě hé jīntiān suǒyǒu shàngbān de rén yíyàng, xū

秦始皇设立了一套以"三公九卿"为基础的核心帮手团队。你可以把秦始皇本人理解为公司的 CEO，那么在 CEO 下面，有三位部门主管，分别管理皇帝家里的事（相当于秦始皇的私人秘书）、军队和司法这三个部门，这就是"三公"。

接着，三公下面有"九卿"，相当于部门里的小组长。这九个小组分别负责：宗教祭祀、皇宫里的安全、皇宫外面的安全、马匹管理、审判案件、外交、皇帝家族内部事务、收税和国家财政，以及官府手工业生产这九个方面。

所有部门领导和小组长，都是秦始皇公开选择的，没有谁是靠关系上来的。而且他们也和今天所有上班的人一样，需

yào zài zìjǐ de gǎngwèi shàng zuòchū chéngjì, cái néng jìxù zuò xiàqù. Tāmen de guānzhí bùguǎn yǒu duō gāo, dōu bù néng ràng zìjǐ de háizi jiēzhe dāng.

Dìfāng Guǎnlǐ: Shèlì Zhōu yǔ Jùnxiàn

Zhōucháo de huángdì yòng fēnfēngzhì bǎ dìfāng de quánlì fēn gěi qīnrén, ràng tāmen dúlì guǎnlǐ zìjǐ de lǐngdì. Dànshì zài Qíncháo, fēnfēngzhì bèi chèdǐ qǔxiāo le, huànchéng le "jùnxiànzhì". Zhè jiù hé xiàndài shèhuì de guǎnlǐ zhìdù fēicháng jiējìn le.

Qín Shǐhuáng méiyǒu cǎiyòng jiù zhìdù, ér shì bǎ quánguó fēnchéng míngquè de děngjí. Tā bǎ guójiā tǔdì fēnchéng ruògān gè "jùn", měi gè jùn yǒu zìjǐ de guǎnlǐzhě. Jùn de xiàmian zài fēnchéng gèng xiǎo de dìfāng qūyù, jiàozuò "xiàn", xiàn yě yǒu xiàn de guǎnlǐrén, lèisì yú jīntiān de shìzhǎng. Tōngguò zhè zhǒng dìfāng guǎnlǐ tǐ

要在自己的岗位上做出成绩，才能继续做下去。他们的官职不管有多高，都不能让自己的孩子接着当。

地方管理：设立州与郡县

周朝的皇帝用分封制把地方的权力分给亲人，让他们独立管理自己的领地。但是在秦朝，分封制被彻底取消了，换成了"郡县制"。这就和现代社会的管理制度非常接近了。

秦始皇没有采用旧制度，而是把全国分成明确的等级。他把国家土地分成若干个"郡"，每个郡有自己的管理者。郡的下面再分成更小的地方区域，叫做"县"，县也有县的管理人，类似于今天的市长。通过这种地方管理体

xì, Qín Shǐhuáng quèbǎo guójiā de měi gè jiǎoluò dōu zūnshǒu tóngyàng de guīzé, bìngqiě yóu tā zìjǐ tiāoxuǎn de rén lái guǎnlǐ, ér bú shì dìfāng guìzú.

Dìfāng guānyuán yì jí guǎn yì jí, cóng shàng wǎng xià guǎn. Suǒyǒu guānyuán ànzhào jíbié ná gōngzī, bìngqiě guānzhí bù néng jìchéng gěi zǐnǚ.

Zhè yí tào guǎnlǐ zhìdù, yóuqí shì jùnxiàn zhè zhǒng huàfēn xíngzhèngqū de bànfǎ, zhídào jīntiān dōu bú guòshí. Tā yǐjīng chéngwéi xiàndài Zhōngguó guójiā zhìlǐ tǐxì yí gè fēicháng zhòngyào de jīchǔ.

Qíncháo Fǎlǜ: Yòng Kǒngjù Guǎnlǐ Guójiā

Fǎjiā sīxiǎng de héxīn jiù shì: fǎlǜ yuè kěpà, guójiā yuè āndìng. Qín Shǐhuáng bǎ zhè yì diǎn zuòdào le jízhì. Tā tuīxíng de fǎlǜ zhìdù zhī suǒyǐ kěpà, zhǔyào yǒu sì gè yuányīn.

系，秦始皇确保国家的每个角落都遵守同样的规则，并且由他自己挑选的人来管理，而不是地方贵族。

地方官员一级管一级，从上往下管。所有官员按照级别拿工资，并且官职不能继承给子女。

这一套管理制度，尤其是郡县这种划分行政区的办法，直到今天都不过时。它已经成为现代中国国家治理体系一个非常重要的基础。

秦朝法律：用恐惧管理国家

法家思想的核心就是：法律越可怕，国家越安定。秦始皇把这一点做到了极致。他推行的法律制度之所以可怕，主要有四个原因。

Fǎlǜ tiáowén fēicháng duō: Qín Shǐhuáng xiǎng yòng fǎlǜ guǎnzhù rén de fāngfāngmiànmiàn. Dàn rén hěn fùzá, suǒyǐ Qín Shǐhuáng jiù xiǎng jìn kěnéng duō de zhìdìng fǎlǜ, hǎo suíshí suídì bǎ lǎobǎixìng guǎnzhù. Zài Qíncháo, zuò shénme dōu yǒu fǎlǜ lái guǎn: zuò shēngyi, jiéhūn, shōuzū, shènzhì zhòngdì. Gēnjù lìshǐ jìzǎi, Qíncháo duì gēngniú yīnggāi wèi jǐ cì, dōu yǒu fēicháng míngquè de fǎlǜ guīdìng, wèi shǎo le hái huì yǒu xiāngyìng de chéngfá.

Chéngfá zhòng: sǐxíng jiù búyòng duō shuō le, chú le sǐxíng, Qíncháo hái fāmíng le hěn duō zài shēntǐ shàng de xíngfá, cuīcán rén de yìzhì, bǐrú kǎndiào shǒu jiǎo, huòzhě yòng rè tiě zài liǎn shàng làoyìn děngděng. Hái yǒu jiù shì bǎ rén zhuā qǐlái zuò kǔlì de chéngfá, hǎohǎo de rén bèi duózǒu zìyóu, biànchéng guójiā de núlì.

Nǐ kěnéng huì shuō, nà wǒ bú fànfǎ bú jiù xíng le? Zhè jiù huídào wǒ gāngcái shuō de Qíncháo fǎlǜ de dì-yī gè tè

法律条文非常多：秦始皇想用法律管住人的方方面面。但人很复杂，所以秦始皇就想尽可能多地制定法律，好随时随地把老百姓管住。在秦朝，做什么都有法律来管：做生意、结婚、收租，甚至种地。根据历史记载，秦朝对耕牛应该喂几次，都有非常明确的法律规定，喂少了还会有相应的惩罚。

惩罚重：死刑就不用多说了，除了死刑，秦朝还发明了很多在身体上的刑罚，摧残人的意志，比如砍掉手脚，或者用热铁在脸上烙印等等。还有就是把人抓起来做苦力的惩罚，好好的人被夺走自由，变成国家的奴隶。

你可能会说，那我不犯法不就行了？这就回到我刚才说的秦朝法律的第一个特

diǎn, fǎlìng tài duō. Yīncǐ zài Qíncháo, rénmen hěn nán bú fànfǎ. Nóngmín yǒu dì bú zhòng, hàochī lǎnzuò jiù suàn fànfǎ. Rúguǒ nǐ píqi bù hǎo, zài gōnggòng chǎnghé gēn rén chǎojià, yě suàn fànfǎ.

Jùshuō Qíncháo liúchuán zhe zhèyàng yí gè gùshi: yí gè nánrén de qīzi kuài yào sǐ le, tā fēicháng nánguò, chàdiǎn yào kū chūlái. Qīzi shuō: "Kuài bié kū le, nánrén kū kě shì fànfǎ de. Xiǎoxīn ràng rén tīngjiàn, bǎ nǐ zhuā qǐlái ya." Suīrán lìshǐ shàng méiyǒu míngquè jìzǎi shì bu shì zhēn de yǒu zhè tiáo fǎlǜ, dàn cóng zhège gùshi lǐ, wǒmen bù nán kànchū Qíncháo de fǎlǜ shì duōme xìzhì, ràng rén wúchù kě táo. Jùshuō dào le Qíncháo wǎnqī, dàduōshù rén dōu yīnwèi fàn le fǎ ér shēntǐ cánquē, fǎn'ér nàxiē shēntǐ jiànkāng, nǎr dōu méi shǎo de rén, fēicháng shǎojiàn.

Jítǐ chéngfá: fāmíng zhège zhìdù de rén, shì

点，法令太多。因此在<u>秦朝</u>，人们很难不犯法。农民有地不种、好吃懒做就算犯法。如果你脾气不好，在公共场合跟人吵架，也算犯法。

据说<u>秦朝</u>流传着这样一个故事：一个男人的妻子快要死了，他非常难过，差点要哭出来。妻子说："快别哭了，男人哭可是犯法的。小心让人听见，把你抓起来呀。"虽然历史上没有明确记载是不是真的有这条法律，但从这个故事里，我们不难看出<u>秦朝</u>的法律是多么细致，让人无处可逃。据说到了<u>秦朝</u>晚期，大多数人都因为犯了法而身体残缺，反而那些身体健康、哪儿都没少的人，非常少见。

　　集体惩罚：发明这个制度的人，是

wǒmen zhīqián tídào guò de, ràng Qínguó biànqiáng de Shāng Yāng, ér Qín Shǐhuáng bǎ tā fāzhǎn dào le jíduān. Jítǐ chéngfá de yìsi jiù shì, yí gè rén fànfǎ, tā shēnbiān suǒyǒu de rén dōu yào gēnzhe yìqǐ shòufá, suǒyǐ rénmen bùdébù hùxiāng jiānshì.

Rúguǒ cūn lǐ yǒu yí gè rén fànfǎ, qítā cūnmín bù jǔbào, nàme zhège rén de zuìguò, suǒyǒu cūnmín yìqǐ chéngdān. Rúguǒ yí gè jiāzú lǐ yǒu rén fàn le zuì, nàme zuìfàn běnrén hé tā de fùqīn, mǔqīn, qīzi zhè sān zú de suǒyǒu qīnrén, dōu yào shòufá. Rúguǒ yǒu rén fànzuì, nàme hé tā zhù zài yìqǐ de rén tóngzuì. Zuìhòu, rúguǒ dāngguān de fàn le zuì, tā de shàngjí huò tóngshì zhīdào ér bù jǔbào, jiù yào hé tā yìqǐ shòufá.

Yòng fǎguān dāng lǎoshī: Qín Shǐhuáng rènwéi xuéxiào bù gāi jiāo lìshǐ huò shīgē, ér yīng zhǐ jiāo fǎlǜ. Tā juéde pǔtōng lǎoshī méi yòng, yúshì ràng fǎguān lái qǔdài tāmen,

我们之前提到过的，让秦国变强的商鞅，而秦始皇把它发展到了极端。集体惩罚的意思就是，一个人犯法，他身边所有的人都要跟着一起受罚，所以人们不得不互相监视。

如果村里有一个人犯法，其他村民不举报，那么这个人的罪过，所有村民一起承担。如果一个家族里有人犯了罪，那么罪犯本人和他的父亲、母亲、妻子这三族的所有亲人，都要受罚。如果有人犯罪，那么和他住在一起的人同罪。最后，如果当官的犯了罪，他的上级或同事知道而不举报，就要和他一起受罚。

用法官当老师：秦始皇认为学校不该教历史或诗歌，而应只教法律。他觉得普通老师没用，于是让法官来取代他们，

zhuānmén jiāo bǎixìng rúhé zūnshǒu fǎlǜ.

Zǒngtǐ lái shuō, Qíncháo de zhèngfǔ tǐxì hěn yōuxiù, dàn fǎlǜ xìtǒng míngxiǎn tài guòfèn le. Suīrán Fǎjiā sīxiǎng zhǔzhāng rén dōu huì zuò duì zìjǐ yǒulì de shìqing, bìkāi duì zìjǐ yǒuhài de shìqing, dàn Qín Shǐhuáng zài shíjì zhíxíng de shíhou, guòyú qiángdiào "hài", ér wàng le gěi rén hǎochù. Dāng rén bèi bī dào yìwú suǒyǒu: méi qián, méi kuàilè, shènzhì méiyǒu ānquángǎn, zhège shíhou, tāmen jiù bú huì zài zūnshǒu guīju le, fǎn'ér huì xiǎng: wǒ zěnme dōu shì sǐ, wèishénme bù fǎnkàng yíxià, shìshi yùnqi ne? Zhèng shì zhè zhǒng xīntài, zuìhòu dǎozhì le Qíncháo de mièwáng.

专门教百姓如何遵守法律。

总体来说，秦朝的政府体系很优秀，但法律系统明显太过分了。虽然法家思想主张人都会做对自己有利的事情，避开对自己有害的事情，但秦始皇在实际执行的时候，过于强调"害"，而忘了给人好处。当人被逼到一无所有：没钱、没快乐、甚至没有安全感，这个时候，他们就不会再遵守规矩了，反而会想：我怎么都是死，为什么不反抗一下，试试运气呢？正是这种心态，最后导致了秦朝的灭亡。

Dì Liù Zhāng:
Qíncháo de Wénhuà hé Jīngjì

Jīngjì Gǎigé Dàilái de Duǎnqī Fánróng

Shuō wán Qíncháo de zhèngzhì hé fǎlǜ tǐxì, wǒmen zài lái jiǎngjiang Qín Shǐhuáng zài jīngjì hé wénhuà fāngmiàn zuò le xiē shénme.

Qín tǒngyī liù guó hòu, Qín Shǐhuáng zài jīngjì shàng fābù le yíxìliè zhèngcè, ràng guójiā jīngjì zài duǎn shíjiān nèi biàn de hěn fánróng. Shǒuxiān shì tǒngyī qiánbì. Zhànguó shíqī, měi gè guójiā dōu yòng zìjǐ de qián, yàngzi, dàxiǎo dōu bù yíyàng. Dàn Qín Shǐhuáng tā xiàlìng fèichú gè guó yuánlái de qiánbì, yóu zhèngfǔ tǒngyī zhìzào xīn de qiánbì. Xīn qiánbì yǒu liǎng zhǒng: dà'é jiāoyì yòng huángjīn, rìcháng mǎi dōngxi yòng tóngqián.

Zhè zhǒng tóngqián de shèjì hěn tèbié, tā shì yuánxíng de,

第六章：
秦朝的文化和经济

经济改革带来的短期繁荣

说完秦朝的政治和法律体系，我们再来讲讲秦始皇在经济和文化方面做了些什么。

秦统一六国后，秦始皇在经济上发布了一系列政策，让国家经济在短时间内变得很繁荣。首先是统一钱币。战国时期，每个国家都用自己的钱，样子、大小都不一样。但秦始皇他下令废除各国原来的钱币，由政府统一制造新的钱币。新钱币有两种：大额交易用黄金，日常买东西用铜钱。

这种铜钱的设计很特别，它是圆形的，

zhōngjiān yǒu yí gè fāng kǒng. Qín Shǐhuáng tǒngyī huòbì, wèi hòulái de huángdìmen shùlì le liǎng gè hǎo bǎngyàng. Dì-yī shì zhège yuánxíng fāng kǒng tóngqián de yàngzi, zài zhīhòu bèi gègè cháodài yìzhí shǐyòng. Dì-èr shì zhōngyāng zhèngfǔ yōngyǒu zhùzào qiánbì de wéiyī quánlì, zhèyàng yì lái, huángdì jiù kěyǐ tōngguò qiánbì lái kòngzhì wùjià, zhǎngwò guójiā jīngjì de fāzhǎn. Chú le tǒngyī qiánbì, Qíncháo hái tǒngyī le cèliáng de biāozhǔn, zhè yě fēicháng yǒulì yú zài quánguó fànwéi nèi zuò mǎimài.

Jiànshè gōngchéng shì Qíncháo jīngjì fāzhǎn de lìng yí dà guānjiàn yuánsù. Yǒu yí jù huà shuō de hǎo: yào xiǎng fù, xiān xiū lù. Qín Shǐhuáng zì jiànguó yǐlái zài quánguó gèdì xiūjiàn le hěn duō dàolù hé shuǐqú, suīrán běnlái mùdì shì wèi le fāngbiàn zhànzhēng wùpǐn de yùnshū, dàn zhèxiē lù yě bǎ quánguó gèdì liánjiē zài le yìqǐ, fāngbiàn le shāngpǐn yùnshū hé rénkǒu liúdòng, cùjìn le guójiā jīngjì de fā

中间有一个方孔。秦始皇统一货币，为后来的皇帝们树立了两个好榜样。第一是这个圆形方孔铜钱的样子，在之后被各个朝代一直使用。第二是中央政府拥有铸造钱币的唯一权力，这样一来，皇帝就可以通过钱币来控制物价，掌握国家经济的发展。除了统一钱币，秦朝还统一了测量的标准，这也非常有利于在全国范围内做买卖。

建设工程是秦朝经济发展的另一大关键元素。有一句话说得好：要想富，先修路。秦始皇自建国以来在全国各地修建了很多道路和水渠，虽然本来目的是为了方便战争物品的运输，但这些路也把全国各地连接在了一起，方便了商品运输和人口流动，促进了国家经济的发

zhǎn. Zài Qíncháo, liàntiě, zuò qīngtóngqì, zuò táocí děng gōngyì dōu hěn fādá. Cǐwài, Qíncháo yě hé wàiguó yǒu jìnchūkǒu màoyì, zhǔyào jízhōng zài dàimào, sīchóu děng dōngxi shàng.

Dànshì, tǒngyī dàilái de hǎochù hěn duǎnzàn, jiànjiàn de, Qíncháo jīngjì de júxiànxìng bàolù chūlái. Qízhōng zuì tūchū de wèntí zàiyú tā zhòngshì nóngyè, yāzhì shāngyè de zhèngcè. Shāngrénmen bùjǐn shèhuì dìwèi dī, hái huì bèi shōuqǔ hěn gāo de shuì hé zūjīn, yídàn shēngyi shībài, biàn huì bèi qiángzhēng qù wèi guójiā zuò kǔlì.

Zhè ràng lǎobǎixìng zuò shēngyi de jījíxìng shòudào le yánzhòng dǎjī. Nàme, cóngshì nóngyè yòu huì zěnmeyàng ne? Gāng kāishǐ de shíhou, Qíncháo duì zhòngdì biǎoxiàn hǎo de nóngmín quèshí yǒu jiǎnglì, bǐrú jiǎnshǎo shuìshōu, shènzhì jiǎonà liángshi chāoguò guīdìng shùliàng de, hái néng huòdé guānzhí. Dàn dào le hòuqī, suízhe Qín Shǐhuáng zài quánguó fàn

展。在<u>秦朝</u>，炼铁、做青铜器、做陶瓷等工艺都很发达。此外，<u>秦朝</u>也和外国有进出口贸易，主要集中在玳瑁、丝绸等东西上。

但是，统一带来的好处很短暂，渐渐地，<u>秦朝</u>经济的局限性暴露出来。其中最突出的问题在于它重视农业、压制商业的政策。商人们不仅社会地位低，还会被收取很高的税和租金，一旦生意失败，便会被强征去为国家做苦力。

这让老百姓做生意的积极性受到了严重打击。那么，从事农业又会怎么样呢？刚开始的时候，<u>秦朝</u>对种地表现好的农民确实有奖励，比如减少税收，甚至缴纳粮食超过规定数量的，还能获得官职。但到了后期，随着<u>秦始皇</u>在全国范

wéi nèi dà gǎo jiànshè: jiàn Chángchéng, gài Ēpánggōng, Bīngmǎyǒng děngděng. Zhèxiē gōngchéng xūyào dàliàng rénshǒu, dǎozhì dà pī niánqīng lìzhuàng de rén bèi pài qù zuò kǔlì, zhòngdì de rén yánzhòng jiǎnshǎo. Hěn duō dì méi rén zhòng, liángshi búgòu chī, lǎobǎixìng de shēnghuó biàn de hěn kùnnan. Ér Qíncháo tǒngzhì hòuqī hěn yánzhòng de tōnghuò péngzhàng ràng zhěnggè guójiā de jīngjì biàn de gèng zāo.

Wénhuà Qīngxǐ: Fénshū Kēngrú

Rúguǒ shuō Qíncháo de jīngjì shì kāitóu hǎo hòumiàn chà, nàme tā zài wénhuà fāngmiàn de zhèngcè jiù gèngjiā cánkù le. Tǒngyī chūqī, Qín Shǐhuáng zài Qínguó tuīxíng le "Shū Tóng Wén" de zhèngcè, yòng xiǎozhuàn zuòwéi quánguó tǒngyī de guānfāng wénzì, zhè zài yídìng chéngdù shàng cùjìn le quánguó de wénhuà jiāoliú.

Rán'ér, Qín Shǐhuáng xìnfèng Fǎjiā, róng bu xià bù tóng de

围内大搞建设：建长城、盖阿房宫、兵马俑等等。这些工程需要大量人手，导致大批年轻力壮的人被派去做苦力，种地的人严重减少。很多地没人种，粮食不够吃，老百姓的生活变得很困难。而秦朝统治后期很严重的通货膨胀让整个国家的经济变得更糟。

文化清洗：焚书坑儒

如果说秦朝的经济是开头好后面差，那么它在文化方面的政策就更加残酷了。统一初期，秦始皇在秦国推行了"书同文"的政策，用小篆作为全国统一的官方文字，这在一定程度上促进了全国的文化交流。

然而，秦始皇信奉法家，容不下不同的

xiǎngfǎ. Gōngyuán qián 213 nián, Qíncháo de yí gè guānyuán jiào Chúnyú Yuè, zài yànhuì shàng gōngkāi pīpíng jùnxiànzhì, tíchū yīnggāi huīfù Zhōucháo de fēnfēngzhì. Chúnyú Yuè rènwéi rúguǒ cháotíng shàng yí gè Qín Shǐhuáng de qīnqi dōu méiyǒu, nàme wàimiàn de shìlì jiù yǒu kěnéng lái qiǎng quánlì. Qíshí, cóng Zhōucháo kāishǐ, Zhōngguó gǔdài jiù yǒu yì zhǒng tèbié de guānzhí, jiàozuò "yánguān". Yánguān de gōngzuò jiù shì zhuānmén shuō bù hǎotīng de huà, ràng huángdì qīngxǐng de kàndào zìjǐ de wèntí. Dànshì zài Qín Shǐhuáng kànlái, zhè jiù shì duì tā quánwēi de tiǎozhàn.

Zhè shíhou, chéngxiàng Lǐ Sī zhàn chūlái huǒ shàng jiāo yóu. Lǐ Sī rènwéi, yǐ Chúnyú Yuè wéi shǒu de Rújiā zhīchízhě xiǎng yào yòng chuántǒng sīxiǎng tuīfān Qíncháo, wēihài hěn dà, yīnggāi shāodiào Rújiā de suǒyǒu shūjí. Yúshì gēnjù tā de jiànyì, Qín Shǐhuáng tuīxíng le yánlì de wénhuà qīngxǐ: gè pài sīxiǎngjiā de zhùzuò, lìshǐ shū hé shīgē dōu bèi

想法。公元前 213 年，秦朝的一个官员叫淳于越，在宴会上公开批评郡县制，提出应该恢复周朝的分封制。淳于越认为如果朝廷上一个秦始皇的亲戚都没有，那么外面的势力就有可能来抢权力。其实，从周朝开始，中国古代就有一种特别的官职，叫做"言官"。言官的工作就是专门说不好听的话，让皇帝清醒地看到自己的问题。但是在秦始皇看来，这就是对他权威的挑战。

这时候，丞相李斯站出来火上浇油。李斯认为，以淳于越为首的儒家支持者想要用传统思想推翻秦朝，危害很大，应该烧掉儒家的所有书籍。于是根据他的建议，秦始皇推行了严厉的文化清洗：各派思想家的著作、历史书和诗歌都被

shōují qǐlái shāodiào, zhǐ yǔnxǔ bǎoliú yīyào, zhānbǔ hé nóngyè zhèxiē shíyòng de shū. Hòulái, yóuyú dānxīn yǒu rén fǎnkàng, Qín Shǐhuáng yòu xiàlìng sōubǔ fǎnduì tā de xuézhě, zuìzhōng huómái le 460 duō rén.

"Fénshū Kēngrú" shì Zhōngguó lìshǐ shàng zuì shòu fēiyì de xíngwéi zhī yī. Zhège zuòfǎ ràng Xiān Qín yǐlái jīlěi de wénhuà zāoshòu le yánzhòng sǔnshī. Rán'ér, Qín Shǐhuáng běnshēn jiù shì yí gè máodùn de rén: suīrán tā huǐdiào le xǔduō qiándài de wénhuà chéngguǒ, dàn yě chuàngzào le shǔyú zhěnggè Zhōnghuá wénmíng de biāozhìxìng zuòpǐn. Zhè yí jiàn jiàn wénhuà jiézuò, jīngguò le jǐ qiān nián, réngrán bèi rénmen dāngzuò chuánqí, ràng wǒmen zài xià yì zhāng lǐ xiángxì jiǎngjiang.

收集起来烧掉，只允许保留医药、占卜和农业这些实用的书。后来，由于担心有人反抗，<u>秦始皇</u>又下令搜捕反对他的学者，最终活埋了 460 多人。

"<u>焚书坑儒</u>"是<u>中国</u>历史上最受非议的行为之一。这个做法让先秦以来积累的文化遭受了严重损失。然而，<u>秦始皇</u>本身就是一个矛盾的人：虽然他毁掉了许多前代的文化成果，但也创造了属于整个<u>中华</u>文明的标志性作品。这一件件文化杰作，经过了几千年，仍然被人们当作传奇，让我们在下一章里详细讲讲。

Dì Qī Zhāng:
Qíncháo de Jiànzhù Chéngjiù hé Jūnshì Fāmíng

Tídào Qíncháo de chéngjiù, dì-yī gè yào shuō de dāngrán jiù shì Chángchéng. Búguò zhǔnquè de shuō, Chángchéng bìng bú shì Qín Shǐhuáng yí gè rén jiàn qǐlái de. Tā zuì zǎo chūxiàn zài Zhōucháo, nà shíhou gègè zhūhóuguó lǎo dǎzhàng, suǒyǐ dàjiā jiù zài zìjǐ guójiā de biānjiè xiū chéngqiáng, yòng lái fángyù dírén. Dàn Qín Shǐhuáng tǒngyī liù guó zhīhòu, bǎ zhèxiē guójiā xiū de chéngqiáng dōu liánjiē qǐlái le, zhè cái yǒu le jīntiān Wànlǐ Chángchéng de chúxíng (hòulái Hàncháo hé Míngcháo yòu jìxù kuòjiàn le Chángchéng). Zhè cì xiūjiàn gōngchéng suīrán zhǔyào shì bǎ jiù qiáng lián qǐlái, dàn yě yòng le zhěngzhěng jiǔ nián shíjiān, dòngyòng le chāoguò sān shí wàn jūnduì hé lǎobǎixìng.

Yào zhīdào, Qín Shǐhuáng gǎijiàn hòu de Chángchéng zǒng chángdù chāo

第七章：
秦朝的建筑成就和军事发明

提到秦朝的成就，第一个要说的当然就是长城。不过准确地说，长城并不是秦始皇一个人建起来的。它最早出现在周朝，那时候各个诸侯国老打仗，所以大家就在自己国家的边界修城墙，用来防御敌人。但秦始皇统一六国之后，把这些国家修的城墙都连接起来了，这才有了今天万里长城的雏形（后来汉朝和明朝又继续扩建了长城）。这次修建工程虽然主要是把旧墙连起来，但也用了整整九年时间，动用了超过三十万军队和老百姓。

要知道，秦始皇改建后的长城总长度超

guò le yí wàn lǐ (dàgài wǔ qiān duō qiānmǐ). Zhè shì gè shénme gàiniàn ne? Cóng Měiguó dōngbiān de Niǔyuē fēi dào xībiān de Luòshānjī, fēixíng jùlí dàgài sì qiān qiānmǐ; wǔ qiān qiānmǐ de chángdù, zúgòu héngkuà Měiguó zhīhòu, hái wǎng Tàipíngyáng shēnchù shēn chūqù yí dà duàn. Xiǎngxiang zhège gōngchéng yǒu duō dà! Lìngwài, qù guo Chángchéng de rén dōu zhīdào, tā bú shì cóng píngdì shàng jiàn qǐlái de, ér shì zài gāogāo de shānjǐ shàng wānwānqūqū de xiàng qián yánshēn. Nǐ děi xiān pá shàng yí zuò shān, cái néng tà shàng Chángchéng de dì-yī gè táijiē. Xiǎngxiàng yíxià, nà shíhou de rén shì zěnme bēi zhe zhuāntóu hé shítou pá shàng shān de, yòu zěnme zài nàme dǒu de xuányá shàng, yì zhuān yì wǎ de jiàn qǐ zhème cháng de chéngqiáng, zhēn de pèi de shàng "shìjiè qíjì" zhège chēnghào.

Chú le shìjiè wénmíng de Chángchéng, Qín Shǐhuáng hái dòngyòng le qī shí wàn láogōng, wèi tā xiūjiàn yí zuò dúyī wú'èr de

过了一万里（大概五千多千米）。这是个什么概念呢？从美国东边的纽约飞到西边的洛杉矶，飞行距离大概四千千米；五千千米的长度，足够横跨美国之后，还往太平洋深处伸出去一大段。想想这个工程有多大！另外，去过长城的人都知道，它不是从平地上建起来的，而是在高高的山脊上弯弯曲曲地向前延伸。你得先爬上一座山，才能踏上长城的第一个台阶。想象一下，那时候的人是怎么背着砖头和石头爬上山的，又怎么在那么陡的悬崖上，一砖一瓦地建起这么长的城墙，真的配得上"世界奇迹"这个称号。

除了世界闻名的长城，秦始皇还动用了七十万劳工，为他修建一座独一无二的

huánggōng: Ēpánggōng. Kěxī de shì, zhè zuò gōngdiàn hái méi jiàn wán, Qíncháo jiù mièwáng le, hòulái tā yě zài zhànzhēng zhōng bèi shāohuǐ le. Búguò, wǒmen háishi néng cóng hòurén liúxià de wénzì lǐ, xiǎngxiàng tā dāngnián de huīhuáng. Shǐshū lǐ jìzǎi le Ēpánggōng qiándiàn de dàxiǎo: kuān 700 mǐ, dàdiàn lǐ kěyǐ zuò de xià yí wàn rén. Hòulái de shīrén yě xiědào, Ēpánggōng liánmián yì bǎi duō lǐ, lóugé gāo de néng zhēzhù tiānshàng de tàiyáng.

Duì dàduōshù rén lái shuō, sǐwáng jiù shì zhōngdiǎn. Dàn Qín Shǐhuáng de yěxīn dào sǐ dōu méi tíng: tā xīwàng sǐ hòu hái néng zhǎngwò quánlì. Suǒyǐ, tā xiàlìng wèi zìjǐ xiūjiàn yì zhī guīmó jùdà de dìxià jūnduì. Zhè xiàng gōngchéng cóng tā dāng shàng huángdì jiù kāishǐ dònggōng, qiánhòu yòng le dàyuē 39 nián. Zhè zhī jūnduì, jiù shì bèi chēngwéi "shìjiè dì-bā dà qíjì" de Qín Bīngmǎyǒng. Tā de miànjī dàgài yǒu 3 gè biāozhǔn zúqiúchǎng nàme dà. Lìshǐ xué

皇宫：阿房宫。可惜的是，这座宫殿还没建完，秦朝就灭亡了，后来它也在战争中被烧毁了。不过，我们还是能从后人留下的文字里，想象它当年的辉煌。史书里记载了阿房宫前殿的大小：宽700米，大殿里可以坐得下一万人。后来的诗人也写道，阿房宫连绵一百多里，楼阁高得能遮住天上的太阳。

对大多数人来说，死亡就是终点。但秦始皇的野心到死都没停：他希望死后还能掌握权力。所以，他下令为自己修建一支规模巨大的地下军队。这项工程从他当上皇帝就开始动工，前后用了大约39年。这支军队，就是被称为"世界第八大奇迹"的秦兵马俑。它的面积大概有3个标准足球场那么大。历史学

jiāmen zài péizàng kēng lǐ, wā chū le dàyuē 8000 gè gēn zhēnrén yíyàng dàxiǎo de táoyǒng, měi gè shìbīng de zhǎngxiàng, biǎoqíng hé zīshì dōu bù yíyàng. Chúcǐ zhīwài, hái yǒu 600 duō pǐ táomǎ hé 100 duō liàng zhànchē.

Bié wàng le Qín Shǐhuáng yě shì chū le míng de ài dǎzhàng, suǒyǐ zài tā tǒngzhì xià de Qíncháo, jūnshì fāngmiàn yě yǒu hǎo duō kāichuàngxìng de fāmíng, Qínnǔ jiù shì qízhōng zuì lìhai de dàibiǎo zhī yī. Zhè zhǒng dàxíng nǔ dàgài yǒu 1.3 mǐ cháng, zuì yuǎn gūjì néng shè 800 mǐ, wánshèng shèjī jùlí zài 400 mǐ zuǒyòu de Sūlián AK-47 tūjī bùqiāng. Qínnǔ néng shè zhème yuǎn, zài zhànchǎng shàng jiù néng xiān dòngshǒu dǎ dírén, zhè yě shì Qínguó jūnduì néng bǎizhàn bǎishèng de yuányīn.

Hái yǒu tóngyàng chūsè de qīngtóngjiàn, zhè zhǒng jiàn dàgài 80 dào 90 límǐ cháng. Dāngshí de gōngjiàng tōngguò jīngquè de tiáozhěng tóng, xī, qiān de bǐlì, zuò chū le yì zhǒng

家们在陪葬坑里，挖出了大约 8000 个跟真人一样大小的陶俑，每个士兵的长相、表情和姿势都不一样。除此之外，还有 600 多匹陶马和 100 多辆战车。

别忘了秦始皇也是出了名的爱打仗，所以在他统治下的秦朝，军事方面也有好多开创性的发明，秦弩就是其中最厉害的代表之一。这种大型弩大概有 1.3 米长，最远估计能射 800 米，完胜射击距离在 400 米左右的苏联 AK-47 突击步枪。秦弩能射这么远，在战场上就能先动手打敌人，这也是秦国军队能百战百胜的原因。

还有同样出色的青铜剑，这种剑大概 80 到 90 厘米长。当时的工匠通过精确地调整铜、锡、铅的比例，做出了一种

lǐmiàn ruǎn wàimiàn yìng de jiégòu: jiànrèn fēicháng jiānyìng fēnglì, ér jiànshēn yòu bù róngyì duàn. Suǒyǐ, jiùsuàn zài dìxià mái le liǎng qiān duō nián, gāng wā chūlái de shíhou háishi hěn fēnglì.

Gèng ràng kǎogǔxuéjiāmen chījīng de shì, suǒyǒu Qíncháo qīngtóngjiàn de dàxiǎo hé yàngzi dōu chàbuduō, jiànshēn shàng hái kè zhe biānhào. Zhè jiù qīngchu de shuōmíng, zǎo zài xīfāng gōngyèhuà zhīqián, Qíncháo zuò bīngqì de shíhou, yǐjīng néng zuòdào biāozhǔnhuà, liúshuǐxiànhuà de shēngchǎn le.

里面软外面硬的结构：剑刃非常坚硬锋利，而剑身又不容易断。所以，就算在地下埋了两千多年，刚挖出来的时候还是很锋利。

更让考古学家们吃惊的是，所有秦朝青铜剑的大小和样子都差不多，剑身上还刻着编号。这就清楚地说明，早在西方工业化之前，秦朝做兵器的时候，已经能做到标准化、流水线化的生产了。

Dì Bā Zhāng:
Qíncháo Bǎixìng Bàozhèng Yīnyǐng Xià de Shēnghuó

Zuìhòu, wǒmen lái liǎojiě yíxià Qíncháo lǎobǎixìng de yī, shí, zhù, xíng shì shénmeyàng de.

Qíncháo rén chuān yīfu, yàngzi bǐjiào jiǎndān, zhǔyào wèi le chuānzhuó fāngbiàn, hǎo huódòng. Pǔtōng lǎobǎixìng dàduō chuān báisè huò shēnsè de chángshān, lǐngkǒu shì jiāochā de, xiùzi kǒu bǐjiào zhǎi, zhèyàng gànhuó fāngbiàn. Nánrén tōngcháng bǎ tóufa zā qǐlái, dài gè xiǎo màozi huòzhě bāo kuài tóujīn, nǚrén bǎ tóufa shūchéng fàjì.

Chī de fāngmiàn, xiǎomǐ shì jiājiā hùhù zuì zhǔyào de zhǔliáng. Nà shíhou xiǎomài, dàmǐ zhèxiē dōngxi hái hěn shǎojiàn, zhǐyǒu nàxiē yǒu quán yǒu shì de rén cái néng chī dào. Lìngwài, Qíncháo rén xǐhuan hē jiǔ, dāngshí de jiǔ dàduō yòng liángshi zuò, yě yǒu jiā xiāngliào zuòchéng de júhuājiǔ děng

第八章：
秦朝百姓暴政阴影下的生活

最后，我们来了解一下秦朝老百姓的衣、食、住、行是什么样的。

秦朝人穿衣服，样子比较简单，主要为了穿着方便、好活动。普通老百姓大多穿白色或深色的长衫，领口是交叉的，袖子口比较窄，这样干活方便。男人通常把头发扎起来，戴个小帽子或者包块头巾，女人把头发梳成发髻。

吃的方面，小米是家家户户最主要的主粮。那时候小麦、大米这些东西还很少见，只有那些有权有势的人才能吃到。另外，秦朝人喜欢喝酒，当时的酒大多用粮食做，也有加香料做成的菊花酒等

děng. Chūrén yìliào de shì, Qíncháo lǎobǎixìng de jūzhù tiáojiàn hěn búcuò, dàduō zhù de shì wǎ dǐng de fángzi. Yào zhīdào, zài Qíncháo zhīhòu de hěn duō cháodài, pǔtōng lǎobǎixìng zhù de dàduō shì yòng máocǎo gài dǐng de fángzi. Tóngshí, yīnwèi Qín Shǐhuáng xiū le biànbù quánguó de dàolù wǎng, niúchē hé mǎchē yě chéng le dāngshí lǎobǎixìng chūmén de zhòngyào gōngjù.

Zhìyú Qíncháo lǎobǎixìng guò de xìng bu xìngfú, wǒmen zài jiǎng Qíncháo zhèngzhì, jīngjì hé wénhuà de shíhou yǐjīng shuō le bù shǎo. Qíshí, yào xiǎng zhīdào Qíncháo bǎixìng shēnghuó de zhēnxiàng, zhǐyào zuò yí dào jiǎndān què ràng rén xīnsuān de suànshù tí jiù gòu le. Gēnjù bù wánquán de tǒngjì, Qín Shǐhuáng gāng tǒngyī liù guó de shíhou, quánguó dàgài yǒu 2000 wàn rén. Jiǎshè nà shíhou de rénkǒu jiégòu gēn xiànzài zhèngcháng qíngkuàng chàbuduō, niánqīng lìzhuàng de rén (15 suì dào 40 suì) dàgài zhàn zǒng rénkǒu de

等。出人意料的是，秦朝老百姓的居住条件很不错，大多住的是瓦顶的房子。要知道，在秦朝之后的很多朝代，普通老百姓住的大多是用茅草盖顶的房子。同时，因为秦始皇修了遍布全国的道路网，牛车和马车也成了当时老百姓出门的重要工具。

至于秦朝老百姓过得幸不幸福，我们在讲秦朝政治、经济和文化的时候已经说了不少。其实，要想知道秦朝百姓生活的真相，只要做一道简单却让人心酸的算术题就够了。根据不完全的统计，秦始皇刚统一六国的时候，全国大概有2000万人。假设那时候的人口结构跟现在正常情况差不多，年轻力壮的人（15岁到40岁）大概占总人口的

40%, zhè lǐmiàn nǚ de yòu zhàn yíbàn, nàme niánqīng lìzhuàng de nánrén dàgài zhǐyǒu 400 wàn rén. Dànshì zài zhè zhīqián, dǎ le shí duō nián de tǒngyī zhànzhēng, yǐjīng sǐ le hěn duō nánrén. Suǒyǐ dàgài kěyǐ cāi chūlái, Qíncháo gāng jiànlì de shíhou, zhēnzhèng néng gànhuó, néng dǎzhàng de nánrén, kěnéng yǐjīng bú dào 350 wàn le, jǐn zhàn zǒng rénkǒu de liù fēn zhī yī.

Ér duìyú Qín Shǐhuáng de hóngwěi gōngchéng lái shuō, zhèxiē rén gēnběn búgòu yòng. Guāng shì xiū Chángchéng, gài Ēpánggōng hé jiàn Bīngmǎyǒng zhè jǐ xiàng, jiù yòng le dàgài 200 wàn láodònglì. Lìngwài, hái děi yǒu rén xiū lù wā hé, dāng bīng qù dǎzhàng, gèng búyòng shuō nàxiē fàn le fǎ bèi chǔsǐ huòzhě guān jìn jiānyù de rén le. Zhème suàn xiàlái, cǐshí zhěnggè Qíncháo de láodònglì yǐjīng suǒ shèng wú jǐ.

Kěyǐ shuō, zài Qín Shǐhuáng dāng huángdì de shíyī nián lǐ, Qínguó de láodònglì jīhū dōu bèi yòng guāng le. Tiándì wú

40%，这里面女的又占一半，那么年轻力壮的男人大概只有 400 万人。但是在这之前，打了十多年的统一战争，已经死了很多男人。所以大概可以猜出来，秦朝刚建立的时候，真正能干活、能打仗的男人，可能已经不到 350 万了，仅占总人口的六分之一。

而对于秦始皇的宏伟工程来说，这些人根本不够用。光是修长城、盖阿房宫和建兵马俑这几项，就用了大概 200 万劳动力。另外，还得有人修路挖河、当兵去打仗，更不用说那些犯了法被处死或者关进监狱的人了。这么算下来，此时整个秦朝的劳动力已经所剩无几。

可以说，在秦始皇当皇帝的十一年里，秦国的劳动力几乎都被用光了。田地无

rén gēngzhòng, quánguó shàngxià xiànrù le
juéwàng de kǔnàn zhī zhōng. Zhè zhēn de yìngyàn
le Wèi Liáo shuō de nà jù "dé tiānxià zhīhòu, huì bǎ
tiānxiàrén dāngchéng núlì" de huà.

Zhìyú Qíncháo lǎobǎixìng zěnme kàn Qín Shǐhuáng,
wǒmen kěyǐ cóng liǎng zé liúchuán qiānnián de
mínjiān gùshi lái gǎnshòu yíxià.

Mèng Jiāngnǚ Kū Chángchéng: Chuánshuō Qíncháo
yǒu gè jiào Mèng Jiāngnǚ de nǚzǐ, gāng jiéhūn méi jǐ
tiān, zhàngfu jiù bèi guójiā zhuāzǒu qù zuò kǔlì le.
Tā tīngshuō zhàngfu zài Chángchéng gànhuó, jiù
tèyì zuò le dōngtiān bǎonuǎn de yīfu qù kàn tā.
Kěshì děng tā hǎo bù róngyì gǎndào Chángchéng,
què tīngshuō zhàngfu yǐjīng huóhuó lèi sǐ le. Mèng
Jiāngnǚ zài Chángchéng jiǎoxià fàngshēng dàkū, kū
de tèbié shāngxīn, lián shénmíng dōu bèi gǎndòng
le. Jiéguǒ, Wànlǐ Chángchéng yíxiàzi dǎo le yí dà
piàn, tā zhōngyú kàndào le zìjǐ zhàngfu de shīgǔ.

人耕种，全国上下陷入了绝望的苦难之中。这真的应验了尉缭说的那句"得天下之后，会把天下人当成奴隶"的话。

至于秦朝老百姓怎么看秦始皇，我们可以从两则流传千年的民间故事来感受一下。

《孟姜女哭长城》：传说秦朝有个叫孟姜女的女子，刚结婚没几天，丈夫就被国家抓走去做苦力了。她听说丈夫在长城干活，就特意做了冬天保暖的衣服去看他。可是等她好不容易赶到长城，却听说丈夫已经活活累死了。孟姜女在长城脚下放声大哭，哭得特别伤心，连神明都被感动了。结果，万里长城一下子倒了一大片，她终于看到了自己丈夫的尸骨。

Jīng Kē Cì Qín Wáng: Zài Qíncháo kuài yào tǒngyī liù guó de shíhou, yǒu gè Yānguó de cìkè jiào Jīng Kē. Tā jiǎzhuāng yuànyì wèi Qín Shǐhuáng zuòshì, dédào xìnrèn hòu, què tūrán ná chū cáng zhe de bǐshǒu xiǎng shā diào Qín Shǐhuáng. Suīrán zuìhòu tā méi chénggōng, dàn zài lǎobǎixìng xīnlǐ, Jīng Kē què bèi jiàozuò yīngxióng, tā de gùshi yìzhí liúchuán dào xiànzài.

Zhè liǎng gè gùshi, dì-yī gè shì jiè shénmíng de fènnù, shuō Qíncháo duì lǎobǎixìng yāpò de tài hěn le; dì-èr gè shì bǎ xiǎng shā huángdì de cìkè dāngzuò yīngxióng lái chēngzàn. Cóng zhèlǐ bù nán kànchū, nà shíhou de lǎobǎixìng duì Qín Shǐhuáng de yuànhèn yǒu duō shēn. Shìshí shàng, bù zhǐshì lǎobǎixìng, zài Qíncháo yǐjí hòulái gègè cháodài wénrén hé shǐxuéjiā bǐ xià, Qín Shǐhuáng de xíngxiàng yě dàduō shì bú tài hǎo de.

《荆轲刺秦王》：在秦朝快要统一六国的时候，有个燕国的刺客叫荆轲。他假装愿意为秦始皇做事，得到信任后，却突然拿出藏着的匕首想杀掉秦始皇。虽然最后他没成功，但在老百姓心里，荆轲却被叫作英雄，他的故事一直流传到现在。

这两个故事，第一个是借神明的愤怒，说秦朝对老百姓压迫得太狠了；第二个是把想杀皇帝的刺客当作英雄来称赞。从这里不难看出，那时候的老百姓对秦始皇的怨恨有多深。事实上，不只是老百姓，在秦朝以及后来各个朝代文人和史学家笔下，秦始皇的形象也大多是不太好的。

Dì Jiǔ Zhāng:
Qíncháo de Mièwáng

Huā kāi huā xiè yǒu tā zìjǐ de guīlǜ, nàme qiángdà de Qíncháo shì zěnme zǒuxiàng mièwáng de ne? Shuō zhíjiē yìdiǎn jiù shì: dāngshí de Qíncháo yǐjīng chéng le yí gè làntānzi, Qín Shǐhuáng yì sǐ, jiù méi rén néng shōushi de zhù le.

Gōngyuán qián 210 nián, Qín Shǐhuáng líkāi huánggōng qù gèdì xúnyóu, zǒu dào Shāqiū zhège dìfang de shíhou tūrán dé le zhòngbìng. Zhè shíhou tā juéde zìjǐ kěnéng shíjiān bù duō le, jiù xià le yí dào mìnglìng, ràng tā zuì kànzhòng de dà érzi Fúsū gǎnkuài huí shǒudū, tì tā zhǔchí zànglǐ, zhè míngquè yùshì zhe Fúsū jiāng chéngwéi xià yí rèn huángdì. Kěshì zhè dào mìnglìng hái méi láidejí fā chūqù, jiù bèi tā zuì xìnrèn de dàchén Zhào Gāo gěi lán xiàlái le.

第九章：
秦朝的灭亡

花开花谢有它自己的规律，那么强大的秦朝是怎么走向灭亡的呢？说直接一点就是：当时的秦朝已经成了一个烂摊子，秦始皇一死，就没人能收拾得住了。

公元前 210 年，秦始皇离开皇宫去各地巡游，走到沙丘这个地方的时候突然得了重病。这时候他觉得自己可能时间不多了，就下了一道命令，让他最看重的大儿子扶苏赶快回首都，替他主持葬礼，这明确预示着扶苏将成为下一任皇帝。可是这道命令还没来得及发出去，就被他最信任的大臣赵高给拦下来了。

Zhào Gāo ná zhe Qín Shǐhuáng de xìn, dì-yī gè zhǎodào le Qínguó de zǎixiàng Lǐ Sī. Duì, nǐ méi jì cuò, jiù shì wǒmen zhīqián jiǎng Qíncháo wénhuà de shíhou, nàge jiànyì Qín Shǐhuáng fénshū kēngrú de Lǐ Sī. Zhào Gāo duì Lǐ Sī shuō: "Huángdì kuài bùxíng le, tā ràng Fúsū huí shǒudū bàn zànglǐ, yìsi jiù shì ràng Fúsū jiēbān dāng huángdì. Tā yìzhí kàn bu guàn nǐ nàxiē yánkē bùrén de zuòfǎ, rúguǒ tā dāng le huángdì, nǐ hái yǒu hǎo rìzi guò ma? Bùrú gēn wǒ yìqǐ duóquán, zìjǐ shuō le suàn!" Lǐ Sī yě shì yí gè bǎ quánlì kàn de bǐ zhōngchéng gèng zhòngyào de rén, hěn kuài jiù tóngyì le Zhào Gāo de jiànyì.

Jiēzhe, Zhào Gāo yòu qù zhǎo zìjǐ de xuésheng, Qín Shǐhuáng de lìng yí gè érzi Hú Hài. Tā gēn Hú Hài shuō: "Huángdì xiànzài xiǎng ràng nǐ gēge jìchéng huángwèi, dào shíhou tā huì duì nǐ hǎo ma? Wǒ hé zǎixiàng Lǐ Sī yǐjīng juédìng ràng nǐ zuò xīn huángdì, nǐ pèihé wǒmen jiù xíng." Jiù zhè

赵高拿着秦始皇的信，第一个找到了秦国的宰相李斯。对，你没记错，就是我们之前讲秦朝文化的时候，那个建议秦始皇焚书坑儒的李斯。赵高对李斯说："皇帝快不行了，他让扶苏回首都办葬礼，意思就是让扶苏接班当皇帝。他一直看不惯你那些严苛不仁的做法，如果他当了皇帝，你还有好日子过吗？不如跟我一起夺权，自己说了算！"李斯也是一个把权力看得比忠诚更重要的人，很快就同意了赵高的建议。

接着，赵高又去找自己的学生、秦始皇的另一个儿子胡亥。他跟胡亥说："皇帝现在想让你哥哥继承皇位，到时候他会对你好吗？我和宰相李斯已经决定让你做新皇帝，你配合我们就行。"就这

yàng, sān gè rén shāngliang hǎo le, tōutōu gǎi le Qín Shǐhuáng de mìnglìng: yì biān ràng Hú Hài jìchéng huángwèi, lìng yì biān yòng bú xiàoshùn de zuìmíng, ràng dà érzi Fúsū zìshā.

Dànshì Hú Hài dāng shàng huángdì zhīhòu, zuò le hěn duō huàishì. Tā xiǎng xué Qín Shǐhuáng nàyàng yòng yánlì de shǒuduàn guǎnlǐ guójiā, kě yòu méiyǒu nénglì, yúshì bǎ guǎnlǐ guójiā de shìqing dōu tuī gěi le Zhào Gāo. Jiù zài tā dāng huángdì yì nián hòu, yǒu yí duì nóngmín láogōng, yīnwèi lián zhe xià le hǎo duō tiān dàyǔ, lù zǒu bù tōng, méi bànfǎ ànshí dàodá gōngdì. Ànzhào Qíncháo yòu xì yòu yán de fǎlǜ, tāmen dōu děi bèi chǔsǐ. Fǎnzhèng zěnme dōu shì sǐ, hái bùrú fǎnkàng yíxià, shìshi yùnqi! Yúshì, zhè duì rén lǐ de lǐngdǎo: Chén Shèng hé Wú Guǎng, juédìng dài zhe cūnmínmen fǎnkàng. Zàofǎn jiù zhème kāishǐ le, zuìhòu fāzhǎn chéng le Zhōngguó lìshǐ shàng dì-yī cì dà guīmó de nóngmín qǐyì.

样，三个人商量好了，偷偷改了秦始皇的命令：一边让胡亥继承皇位，另一边用不孝顺的罪名，让大儿子扶苏自杀。

但是胡亥当上皇帝之后，做了很多坏事。他想学秦始皇那样用严厉的手段管理国家，可又没有能力，于是把管理国家的事情都推给了赵高。就在他当皇帝一年后，有一队农民劳工，因为连着下了好多天大雨，路走不通，没办法按时到达工地。按照秦朝又细又严的法律，他们都得被处死。反正怎么都是死，还不如反抗一下，试试运气！于是，这对人里的领导：陈胜和吴广，决定带着村民们反抗。造反就这么开始了，最后发展成了中国历史上第一次大规模的农民起义。

Zhè chǎng běnlái hěn tūrán de zàofǎn, wèishénme néng zhème kuài jiù fāzhǎn dào quánguó? Dì-yī gè yuányīn zìrán shì, zài Qín Shǐhuáng tǒngzhì de nàxiē nián lǐ, lǎobǎixìng zǎojiù bèi yánkù de fǎlǜ, chénzhòng de shuì hé méiwán méiliǎo de kǔlì huó yā de chuǎn bu guò qì le. Dì-èr gè yuányīn jiù shì Qíncháo fǎlǜ běnshēn de wèntí: tā shì jítǐ shòufá, yí gè rén zàofǎn, quán jiā shènzhì quán cūn dōu tóngzuì. Zhèyàng yì lái, rúguǒ shēnbiān yǒu rén zàofǎn, zìjǐ bùguǎn jiā bu jiārù dōu shì sǐ, nà hái bùrú bāng tā yì bǎ, pīn yi pīn.

Fěngcì de shì, Qín Shǐhuáng xīnxīn kǔkǔ jiànlì qǐlái de fǎlǜ tǐxì, běnlái shì xiǎng guǎn zhù lǎobǎixìng de, jiéguǒ zài zàofǎn de shíhou què qǐdào le fǎn zuòyòng, jiāsù le guójiā de mièwáng. Rújiā jīngdiǎn lǐ yǒu jù huà jiào "zuò guòtóu le, gēn méi zuòdào yíyàng bù hǎo", shuō de jiù shì zhège dàolǐ. Zhǐ kěxī Qín Shǐhuáng zhǐ xiāngxìn

这场本来很突然的造反，为什么能这么快就发展到全国？第一个原因自然是，在秦始皇统治的那些年里，老百姓早就被严酷的法律、沉重的税和没完没了的苦力活压得喘不过气了。第二个原因就是秦朝法律本身的问题：它是集体受罚，一个人造反，全家甚至全村都同罪。这样一来，如果身边有人造反，自己不管加不加入都是死，那还不如帮他一把，拼一拼。

讽刺的是，秦始皇辛辛苦苦建立起来的法律体系，本来是想管住老百姓的，结果在造反的时候却起到了反作用，加速了国家的灭亡。儒家经典里有句话叫"做过头了，跟没做到一样不好"，说的就是这个道理。只可惜秦始皇只相信

yì zhǒng sīxiǎng, bù dǒngde duō tīngting bié de yìjiàn.

Zài shuōshuo Qín Shǐhuáng de érzimen. Tāmen yàome ruǎnruò, yàome yúchǔn, méiyǒu yí gè néng dān de qǐ guójiā de zhòngrèn.

Xiān shuō tā zuì kànzhòng de érzi, dà érzi Fúsū. Lìshǐ shàng jìzǎi, Fúsū quèshí shì gè xīndì shànliáng, yǒu lǐxiǎng de niánqīngrén, dànshì dāng huángdì de rén, tài shànliáng le yǒushíhou jiù shì ruǎnruò. Jùshuō, zài Zhào Gāo xiūgǎi mìnglìng de shíhou, Fúsū shǒulǐ qíshí yǐjīng yǒu sān shí wàn néng dǎzhàng de shìbīng. Dànshì Fúsū zhǐ shuō le yí jù: "Fùqīn ràng wǒ sǐ, wǒ búyòng zài duō shuō." Ránhòu jiù jiéshù le zìjǐ de shēngmìng. Xiǎngxiang kàn, rúguǒ shì Qín Shǐhuáng yùdào zhè zhǒng qíngkuàng, tā huì zhème qīngyì jiù fàngqì zìjǐ ma?

Zài kànkan nàge qiǎng le huángwèi de érzi Hú Hài: tā jì

一种思想，不懂得多听听别的意见。

再说说秦始皇的儿子们。他们要么软弱，要么愚蠢，没有一个能担得起国家的重任。

先说他最看重的儿子，大儿子扶苏。历史上记载，扶苏确实是个心地善良、有理想的年轻人，但是当皇帝的人，太善良了有时候就是软弱。据说，在赵高修改命令的时候，扶苏手里其实已经有三十万能打仗的士兵。但是扶苏只说了一句："父亲让我死，我不用再多说。"然后就结束了自己的生命。想想看，如果是秦始皇遇到这种情况，他会这么轻易就放弃自己吗？

再看看那个抢了皇位的儿子胡亥：他即

huài yòu chǔn, dào sǐ dōu bù zhīdào zìjǐ zhǐshì Zhào Gāo shǒulǐ de yì kē qízǐ. Guānyú Hú Hài zuò de shāshì, wǒmen shuō liǎng jiàn zuì yǒumíng de. Dì-yī jiàn shì shā guāng zìjǐ de qīnrén. Hú Hài dāng huángdì hòu, tīng le Zhào Gāo de huà, shā le èr shí duō gè xiōngdì jiěmèi, zhèxiē rén kě dōu shì tā de qīnrén a. Zuìhòu gǎo de zìjǐ shēnbiān quán shì Zhào Gāo de rén, yìdiǎn shíquán dōu méiyǒu le.

Dì-èr jiàn chǔnshì jiù shì lìshǐ shàng hěn yǒumíng de chéngyǔ "zhǐ lù wéi mǎ". Yǒu yí cì, Zhào Gāo wèi le shìshi dàchénmen tīng bu tīnghuà, jiù qiān lái yì tóu méihuālù sòng gěi Hú Hài, shuō: "Zhè shì yì pǐ hǎo mǎ, wǒ sòng gěi bìxià." Hú Hài kàn le kàn, xiào zhe shuō: "Nǐ gǎocuò le ba, zhè míngmíng shì lù, zěnme shuō shì mǎ ne?" Zhè shíhou Zhào Gāo kànzhe dàchénmen, dàshēng wèn: "Nǐmen shuō, zhè shì lù háishi mǎ?" Hòulái, nàxiē lǎolǎoshíshí shuō shì lù de rén, dōu bèi Zhào

坏又蠢，到死都不知道自己只是赵高手里的一颗棋子。关于胡亥做的傻事，我们说两件最有名的。第一件是杀光自己的亲人。胡亥当皇帝后，听了赵高的话，杀了二十多个兄弟姐妹，这些人可都是他的亲人啊。最后搞得自己身边全是赵高的人，一点实权都没有了。

第二件蠢事就是历史上很有名的成语"指鹿为马"。有一次，赵高为了试试大臣们听不听话，就牵来一头梅花鹿送给胡亥，说："这是一匹好马，我送给陛下。"胡亥看了看，笑着说："你搞错了吧，这明明是鹿，怎么说是马呢？"这时候赵高看着大臣们，大声问："你们说，这是鹿还是马？"后来，那些老老实实说是鹿的人，都被赵

Gāo tōutōu shā diào le. Zhè zhīhòu, zài yě méiyǒu rén gǎn duì Hú Hài shuō yí jù zhēnhuà.

Gōngyuán qián 207 nián, nóngmín qǐyì yǎnkàn jiù yào dǎ dào shǒudū. Zhào Gāo xiǎng ràng Hú Hài bēi hēiguō, jiù pài rén jìn gōng xiǎng shā tā. Dāng bīnglěng de dāo jià zài bózi shàng, zhège èr shí duō suì de chéngnián huángdì, xiǎngfǎ què xiàng xiǎo háizi yíyàng tiānzhēn kěxiào. Hú Hài qiú Zhào Gāo: "Chéngxiàng néng bu néng bǎ wǒ sòng dào piānyuǎn de dìfang dāng gè xiǎo wáng ne?" Zhè gēn tā bàba Qín Shǐhuáng niánqīng shíhou nà zhǒng chénwěn guǒduàn de yàngzi, chà de tài yuǎn le.

Hú Hài sǐ hòu, Qín Shǐhuáng de lìng yí gè érzi Zǐ Yīng dāng le huángdì. Dànshì Zǐ Yīng zài huángdì de wèizhì shàng zhǐ zuò le 46 tiān, zhàng hái méi dǎ, Zǐ Yīng jiù hàipà de bùxíng le. Děngdào Liú Bāng (hòulái Hàncháo de kāiguó huángdì) de jūnduì dǎ dào chéngménkǒu, tā lìmǎ jiù tóuxiáng le, bǎ quánlì jiāo le chūqù. Zhìcǐ, Qíncháo chèdǐ

高偷偷杀掉了。这之后，再也没有人敢对胡亥说一句真话。

公元前 207 年，农民起义眼看就要打到首都。赵高想让胡亥背黑锅，就派人进宫想杀他。当冰冷的刀架在脖子上，这个二十多岁的成年皇帝，想法却像小孩子一样天真可笑。胡亥求赵高："丞相能不能把我送到偏远的地方当个小王呢？"这跟他爸爸秦始皇年轻时候那种沉稳果断的样子，差得太远了。

胡亥死后，秦始皇的另一个儿子子婴当了皇帝。但是子婴在皇帝的位置上只坐了 46 天，仗还没打，子婴就害怕得不行了。等到刘邦（后来汉朝的开国皇帝）的军队打到城门口，他立马就投降了，把权利交了出去。至此，秦朝彻底

mièwáng. Zǐ Yīng yǐwéi bù fǎnkàng jiù néng huómìng, kěxī shìruò bìng bú shì wànnéng de bǎohùsǎn, Liú Bāng zuìhòu háishi bǎ tā gěi shā le.

Kělián Qín Shǐhuáng yíbèizi fèndòu, yíbèizi jīngmíng, dàotóulái què luò de gè qīcǎn xiàchǎng: érzimen méi chūxi, zǐnǚ hùxiāng cánshā, lián sǐ hòu dōu háowú zūnyán — shītǐ yìzhí bèi Zhào Gāo yòng xiányú gài zhe, wèi de shì yǎngài tā sǐwáng de shíjiān, hǎo mán zhù biérén.

Xiě dào zhèlǐ, wǒmen de gùshi yǐjīng kuài jiǎng wán le. Zuìhòu zài gěi dàjiā jiēkāi Qín Shǐhuáng chuánqí rénshēng lǐ zuì jīngcǎi de fúbǐ: nàge jiāsù Qíncháo mièwáng de guānjiàn rénwù, Zhào Gāo. Zhào Gāo běnlái shì Zhàoguó rén, hěn duō lìshǐxuéjiā rènwéi, tā cóng yì kāishǐ jiù shì bào zhe gěi Zhàoguó bàochóu de xiǎngfǎ lái jiējìn Qín Shǐhuáng de.

Dàn yě yǒu rén shuō, Zhào Gāo zhège rén de chūxiàn hé tā bèi

灭亡。<u>子婴</u>以为不反抗就能活命，可惜示弱并不是万能的保护伞，<u>刘邦</u>最后还是把他给杀了。

可怜<u>秦始皇</u>一辈子奋斗、一辈子精明，到头来却落得个凄惨下场：儿子们没出息，子女互相残杀，连死后都毫无尊严——。尸体一直被<u>赵高</u>用咸鱼盖着，为的是掩盖他死亡的时间，好瞒住别人。

写到这里，我们的故事已经快讲完了。最后再给大家揭开<u>秦始皇</u>传奇人生里最精彩的伏笔：那个加速<u>秦朝</u>灭亡的关键人物，<u>赵高</u>。<u>赵高</u>本来是<u>赵国</u>人，很多历史学家认为，他从一开始就是抱着给<u>赵国</u>报仇的想法来接近<u>秦始皇</u>的。

但也有人说，<u>赵高</u>这个人的出现和他背

hòu de gùshi, chúncuì shì ǒurán. Dàn zhèng shì "ǒurán" zhè liǎng gè zì, gěi Qín Shǐhuáng běnlái jiù hěn chuánqí de rénshēng, yòu jiā shàng le yìdiǎn mìngyùn de sècǎi.

Gōngyuán qián 210 nián, 49 suì de Qín Shǐhuáng bìng sǐ Shāqiū. Tā chūshēng biàn shì Zhàoguó rénzhì, cóng Zhàoguó táo chūlái hòu, yòu cóng bèi kòngzhì de shàonián guówáng, yí bù bù juéqǐ, chéngwéi tǒngyī Zhōnghuá de huángdì, nà fèn fēngguāng, shìjiè shàng méiyǒu dì-èr gè rén bǐ de shàng. Dànshì mìngyùn zhuǎn le yì quān, zuìhòu tā hé tā de dìguó, jìngrán dōu wáng zài le Zhàoguó rén shǒulǐ. Zhè ràng rén xiǎngqǐ gǔ Xīlà bēijù lǐ de Édípǔsī Wáng: tā pīnmìng xiǎng duǒkāi "shā fù qǔ mǔ" de mìngyùn, què zài lùshàng húli hútu de zhēn de shā le fùqīn, qǔ le mǔqīn. Nàme, rén zhēn de táo bu kāi mìngyùn ma?

Dá'àn yěxǔ zhǐyǒu shén zhīxiǎo. Dànshì, mìngyùn suīrán xiàng shì dìng hǎo de, lù què shì zìjǐ xuǎn de. Qín Shǐhuáng

后的故事，纯粹是偶然。但正是"偶然"这两个字，给秦始皇本来就很传奇的人生，又加上了一点命运的色彩。

公元前 210 年，49 岁的秦始皇病死沙丘。他出生便是赵国人质，从赵国逃出来后，又从被控制的少年国王，一步步崛起，成为统一中华的皇帝，那份风光，世界上没有第二个人比得上。但是命运转了一圈，最后他和他的帝国，竟然都亡在了赵国人手里。这让人想起古希腊悲剧里的俄狄浦斯王：他拼命想躲开"杀父娶母"的命运，却在路上糊里糊涂地真的杀了父亲、娶了母亲。那么，人真的逃不开命运吗？

答案也许只有神知晓。但是，命运虽然像是定好的，路却是自己选的。秦始皇

yǐwéi zìjǐ táochū le Zhàoguó jiù shì zìyóu, què méi fāxiàn zhēnzhèng kùn zhù tā de, shì quánlì de xuánwō. Tā xiǎng yòng quánlì ràng tiānxiàrén chéngwéi núlì, què bù zhīdào zìjǐ zǎojiù chéng le quánlì de qiútú.

Jiù xiàng Déguó zhéxuéjiā Nícǎi shuō de: "Dāng nǐ níngshì shēnyuān shí, shēnyuān yě zài níngshì nǐ."

以为自己逃出了<u>赵国</u>就是自由，却没发现真正困住他的，是权力的漩涡。他想用权力让天下人成为奴隶，却不知道自己早就成了权力的囚徒。

就像德国哲学家<u>尼采</u>说的："当你凝视深渊时，深渊也在凝视你。"

The Qin Dynasty: Birth of the Empire

Introduction

The Qin Dynasty holds a special place in history. It was the first dynasty to unite all of China. But among the twelve major dynasties, it was the one that lasted the shortest time.

It began when Qin Shi Huang conquered six other states to unify the land. But just three years after he died, the dynasty fell at lightning speed. For this reason, Qin Shi Huang was not just a hero of his time. He *was* the time. He was the Qin Dynasty.

To understand the Qin Dynasty, we must follow Qin Shi Huang's life path. We will see how a world at war created a hero, and how that hero changed history. By following his journey, we can understand why, thousands of years later, he is still seen in two opposite ways: as a cruel tyrant by some, and as a great man by others.

Chapter 1:
Before the Empire: The Warring World and the Hostage Princes

If you want to control a person, you must control what they value the most. For most people, the most important thing is their children.

Ancient Chinese politicians understood this well. They created a cruel but useful way to keep power. It was called the Hostage Prince System. This began in the Western Zhou period and became common in the late Zhou Dynasty. It only disappeared for a short time after the Qin united China.

To understand why this system existed, we must look at the world before the Qin. The Zhou Dynasty (1046 – 256 BC) ruled China for centuries using a system called *fen feng*, the feudal system. This was a political management style based entirely on family ties. As the ultimate owner of all land under heaven, the king of Zhou divided this land into pieces and gave them to his brothers, sisters, and relatives. These relatives became lords of their own smaller regions. The goal was simple: to make sure the king's family lived well, like kings of small countries. They had power and money, but the king was still the highest ruler. The king hoped this would keep his family happy and safe, so no one would fight against him.

But there is a Chinese saying: "A man's heart is not satisfied, like a snake trying to swallow an elephant." This saying means that human desire never ends, and can go far beyond one's actual ability. The king of Zhou, who designed this system, thought that sharing land would bring loyalty. He never expected that his kindness would not be repaid with thanks. Years later, he realized he had only fed a group of hungry wolves.

On one hand, the lords had different abilities and goals. Some were happy with a quiet life, but others had big dreams. They managed their lands well and became rich. With money, they built strong armies. The central Zhou Emperor, however, was not strong enough to control them. As the lords grew powerful, the king became weak, a ruler in name only. Power-hungry lords began to want his throne.

On the other hand, many lords divided their own land among their own families. Power was split into smaller and smaller pieces. Over time, borders became fuzzy. Small states fought each other, and peace turned into wars.

Finally, the dream of a peaceful family rule ended. In 475 BC, the Zhou Dynasty entered a new time known as the Warring States Period.

As the name says, this was a time of constant war. For the next 200 years, China was a land of warlords. Every lord called himself a king. There was no longer one top ruler. The size of a kingdom was based only on its army and wealth. Rules and order were gone. Only the desire for power remained.

After some time, seven states became stronger than the others. History calls them the Seven Heroes of the Warring States. They were Qin, Han, Zhao, Wei, Chu, Yan, and Qi.

Qin Shi Huang, was born into this world. He was a sad hero, made by the endless wars and complicated political games between the states of Qin and Zhao. His life story began not in a palace of comfort, but in the battlefield and under the shadow of the Hostage Prince System.

Chapter 2:
The Rise of Qin: Reforms and The Prince's Return

Among the Seven Warring States, two neighbors were significantly stronger than the other five: the State of Zhao and the State of Qin. In terms of national power, they were equal. However, Zhao had a location advantage—its mountains made it easy to defend and hard to attack, and its military was extremely tough. Therefore, Zhao was always Qin's most difficult enemy.

Although war was frequent, the people occasionally needed a break. To show their desire for peace, the states used a political method called the Hostage Prince System. This brings us back to what we mentioned at the beginning of the book: using children to control their parents.

The word "hostage" sounds ugly. So, the politicians of the Warring States period gave it a nicer name. The king of one country would send his son to a rival country to be the rival king's new son. The boy was really a hostage used to threaten the enemy, but in name he was still a prince. This is why they were called hostage princes.

As you can imagine, most of these boys lived miserable lives.

A king would never send his favorite child to be a hostage. Ancient China was a society run by men, and powerful men had many wives. Some wives were daughters of rich and powerful families, and the king naturally loved and cared for them to keep those families happy. Other wives were simply beautiful and knew how to please their husband. But the most unfortunate group were ordinary women with no big plans, sent to the palace by local officials as gifts. Once the king lost interest in them, they were forgotten forever.

As the Crown Prince of Qin, Lord Anguo had over 20 children with different wives. Among them were a mother named Xia Ji and her son, Yi Ren. Neither of them was loved or valued by Lord Anguo. So, when Yi Ren was just a teenager, his father and grandfather used him as a tool and sent him to Zhao as a hostage.

Being a hostage prince, Yi Ren's life in Zhao was incredibly hard. This was the reality for all hostage princes: You have the title of a prince, but your "father," the enemy king, won't give you money or a good life. More importantly, he will never educate you or help you grow. Why would he raise a tiger that might one day bite him? And if the relationship between the two countries ever turned bad, you would be the first one killed.

But the expansion of power does not care about family feelings. A cruel thought is this: the moment Lord Anguo sent Yi Ren away, he probably considered him gone forever. If Qin ever attacked Zhao, Lord Anguo would simply accept that he had lost his son for his country.

At that time, Lord Anguo never dreamed that this unimportant son would one day return to Qin to become the next king. He certainly couldn't imagine that years later, this son's son would lead Qin to destroy the other six states and become the sole king of China. Lord Anguo's life goals were achieved in the most unexpected way. Exciting stories come from real life, because life is full of surprises.

However, there is a saying: "Everything happens for a reason." Every surprise has a story behind it. Yi Ren's success required three things: the right time, the right person to help, and the right son.

Let's start with the right time.

In the early Warring States period, Qin was actually the weakest of the seven states. Seeing that weakness leads to bullying, the king issued a call for talented people. This attracted a nobleman from the State of Wei (卫国) named Shang Yang. Shang Yang's ideas had been rejected in his home state, but in Qin, they were boldly used. This allowed Qin's power to grow continuously for a century.

Earlier, we mentioned that the Zhou Dynasty used a feudal system, where the country's managers were all relatives of the king. Shang Yang believed that for a country to be strong, it must replace family ties with clear rules. He ended the special rights of the king's families.

Second, in a time of war, army strength is everything. So, Shang Yang rewarded those who won battles by giving them high positions and letting them pass their special status to their children. This helped the Qin army fight much harder.

Third, he improved agriculture. Under Shang Yang's advice, the king took land from powerful families and gave it to the farmers. He also lowered taxes, and encouraged everyone to produce more food.

These moves helped the country, but they also made enemies of many powerful people. Shortly after the king died, some powerful people lied and said Shang Yang was trying to start a fight against the government. The new king of Qin listened to them and killed Shang Yang. Yet his most powerful weapon was his ideas, and they lived after him. After his death, the changes he made stayed in place in Qin for another century. During these years, even as kings changed, Qin grew at full speed, changing from the weakest state into a superpower that dared to attack the capital of Zhao. Bringing all of China together was just a matter of time.

Now that we've talked about the perfect moment, let's look at the people involved.

You might be curious: Yi Ren was a hostage with a knife constantly at his throat. Who would be brave enough to marry him and have a child? This is where we meet a key person who helped both Yi Ren and his son: a rich businessman named Lu Buwei.

There is an old Chinese saying: "It doesn't matter where a hero comes from." Lu Buwei fits this perfectly. He came from a low background but was incredibly smart and hardworking. By the time he appears in history books, he was already a wealthy businessman.

However, in ancient China, doing business was looked down upon. There was a strict social ranking: officials were the highest, followed by farmers who grew food, then workers. The lowest were the businessmen. (Of course, this way of thinking has changed in modern China.)

Because people looked down on them, smaller businessmen simply accepted their fate. But the rich bosses would not give up. Since they had so much money, they thought, why not just buy a country and become the king? Lu Buwei was a businessman with exactly this big goal. He didn't just want to be a king; he wanted to be the boss of a king.

This big goal led him to choose Yi Ren: an unlucky prince who belonged to the king's family but had no family help. This was someone Lu Buwei could control. Lu Buwei became friends with Yi Ren. To make their friendship stronger, he introduced his own girlfriend, Zhao Ji, to Yi Ren. Some historical stories say Yi Ren fell in love with her the moment he saw her and asked to marry her. Regardless, Zhao Ji became the link between the businessman and the prince, and she gave birth to his son: Qin Shi Huang.

The son of a hostage is also a hostage. So, Qin Shi Huang's life began in an invisible prison.

Here we must return to the saying, "To control a person, use what they value most." As a father, Yi Ren wanted power more than ever and was desperate to return to Qin. At this moment, Lu Buwei proposed a great plan. He told Yi Ren, "Your father doesn't notice you because your mother has no power. But if you had a new, powerful mother to support you, he would look at you differently."

Lu Buwei had already chosen the person to be the new mother. Lord Anguo had a favorite wife, Lady Huayang, who was smart and beautiful but had no children. In ancient times, the status of women was low. A woman without a son would fall to the bottom of society the moment her husband died. To secure her own future, Lady Huayang happily accepted Lu Buwei's offer to take Yi Ren in as her son.

This arrangement happened just in time. Soon after, Qin attacked Zhao's capital. The king of Zhao was angry and wanted to kill Yi Ren. With Lu Buwei's help, Yi Ren ran away back to Qin, but he could not take his wife and child.

Qin Shi Huang was only two years old at the time. He spent his childhood running and hiding with his mother. It wasn't until he was nine years old, when his father Yi Ren was officially named the Crown Prince of Qin thanks to his new mother's support, that the family was finally reunited in Qin.

Upon returning to Qin, Qin Shi Huang changed his surname from Zhao (hostages often used their new father's surname) back to Ying.

Many people who are interested in Qin Shi Huang don't know that he made this name for himself after joining the seven states into one. His original name was Ying Zheng. This name showed his future in a special way: *Ying* in Chinese means "Win," and *Zheng* means "the way to run a country." Put together, his name means: The Winner of Power.

Chapter 3:
The Awakening of the Young King and the Unification of China

Qin Shi Huang was born a hostage. He grew up without a father from the time he was two years old. He returned to the Qin State at nine and became king at thirteen. On the surface, it looked like his luck had finally changed; a happy ending after a hard start. But if you look closer, his situation was lonelier and more dangerous than before.

Think of it this way: Picture a baby all alone in a busy market, holding a lot of gold with no parents around. Who wouldn't want to steal it? Who wouldn't be brave enough to try?

So, in the beginning, the young king was in a weak spot. On one hand, according to Qin rules, he could not manage state affairs until he turned 22, so he had no real power. On the other hand, Lu Buwei, the most important official in the country, had too much power. He was also known as the king's Second Father, a title for an older, respected assistant of the king. Lu Buwei had finally achieved his ambition: he was the master of the king, and the true ruler of Qin.

You might wonder: even though his father died early, Qin Shi Huang still had his mother, Zhao Ji. Why didn't she help him? Here, we must admire the sharp instincts of a businessman. In fact, shortly after the King's father died, Lu Buwei quietly did something clever: he introduced a boyfriend to Zhao Ji, the Queen Mother.

What kind of person was Zhao Ji? When she was young, she fell in love with a businessman of low rank. Later, she became the wife of a hostage prince. She finally had a son, but her husband ran away, leaving her as a single mother for seven years. Just when the family reunited, her husband died young. We can see that Zhao Ji lacked love in her life. Lu Buwei knew this, so he introduced one of the people he hired to handle tasks for him, a handsome man named Lao Ai, to her. Lao Ai was very good at pleasing women. Soon, Zhao Ji fell deeply in love.

A woman in love often forgets her responsibilities as a queen mother and a mother. She loved Lao Ai so much that she moved out of the palace with her lover to a nearby city to live a quiet life. She even secretly had two children with Lao Ai.

History books mention another reason why Lu Buwei introduced Lao Ai: Lu Buwei was Zhao Ji's ex-boyfriend, and he wanted to avoid any scandals after the King's father died. But regardless of the reason, this move meant that Qin Shi Huang was basically all alone, like he had no parents at all. He was isolated and had to rely entirely on Lu Buwei.

However, as the Buddha said, "Whatever you do will bring a result." Lu Buwei originally thought Lao Ai would be his helper in controlling the mother and son. But he never expected that with the queen mother's love and power, Lao Ai would show his own teeth. By 239 BC, Qin Shi Huang was 20 years old, just two years away from taking full power. By then, Lao Ai had become an important official and called himself the king's stepfather. There was a saying among the people: "In Qin, everything is decided by Lao Ai." His power was almost equal to Lu Buwei's. The situation was getting out of control, and a big fight was about to start.

Finally, when Qin Shi Huang was celebrating becoming an adult on his 22nd birthday, Lao Ai attacked the capital. He planned to take the king's place. But Qin Shi Huang knew about Lao Ai's plan. He sent two trusted ministers to stop the attack. Because the Qin army was well-prepared, Lao Ai's forces were defeated. In the end, Lao Ai was caught and killed, and the Queen Mother Zhao Ji was locked up. Lu Buwei also lost everything. Because he was responsible for bringing Lao Ai into the palace, he was fired from his job as the top official. He was sent home, where he became depressed and eventually ended his life by drinking poison.

Through this battle, Qin Shi Huang proved his absolute authority to the court. The new political structure of Qin was set. After that, holding full power, he moved step by step toward his dream of unifying China. He destroyed the Han State in 230 BC. Two years later, he destroyed his old enemy, the Zhao State. Then, defeating a new state every two or three years, he finally conquered his last enemy, the Qi State, in 221 BC. The seven Warring States were gone; only Qin remained. The wheels of history moved forward: Qin Shi Huang had finally established his own time, the Qin Dynasty.

Looking back at his life before unification, we can see in Qin Shi Huang a maturity and strategy far beyond his age. Think about it: as a king with no real power, he quickly stopped the big fight against him. That wasn't just luck. Living in the palace, how could he not hear the rumors about his mother and Lao Ai? How could he not see Lu Buwei's ambition? But at that time he was too weak, so he had to wait.

Waiting gave him two benefits.

First, it made his enemies drop their guard. Remember, his father died from a sudden illness just three years after becoming king. The cause is still a mystery, showing how dangerous the power struggle was. To survive, the young king had to listen to powerful men like Lu Buwei.

Second, it allowed him to play his enemies against each other. By letting Lao Ai grow powerful, Qin Shi Huang was creating an enemy for Lu Buwei. When they were busy fighting each other and ignoring the young king, he could win without a fight.

Don't forget, Qin Shi Huang was not even 20 years old at the time. From age 13 to 20, while most kids only knew how to please their parents for pocket money or write love letters to someone they liked, he already understood how to hide his ambitions deep in his heart while keeping a poker face. It is both impressive and scary.

There is a famous story about his hidden nature. After taking power, Qin Shi Huang hired many ministers to help unify China. One of them was named Wei Liao. The king treated Wei Liao with great respect. But after working for a while, Wei Liao suddenly quit and ran away. Why? According to history records, Wei Liao said: "The king seems kind and treats us as equals, which is unusual for a royal. This shows he is hiding a tiger inside. Once he conquers the world, he will treat all people like his slaves."

And after Qin unified China, Wei Liao's prediction largely came true.

Chapter 4:
The Empire: Total Control and Life Under the Qin

In the previous chapter, we discussed how Qin Shi Huang overcome many difficulties to build his own kingdom. Now, let's look at how, after uniting the world under his banner, he used some unique methods to manage the country and influence generations to come.

Before we look more closely at the politics, economics, technology, and daily life of the Qin Dynasty, we must first understand how Qin Shi Huang thought.

In the Zhou Dynasty, the time before the Qin, there were two important schools of thought: Confucianism and Legalism. Both were respected by various rulers, but for the common people, living under them felt like day and night.

Confucianism is all about good manners, kindness, and love. It was started by the famous thinker, Confucius. He believed that if a king wanted to lead a country, he had to believe one simple thing: people are born good.

Based on this idea, if a king creates a fair and stable world, people will naturally care for one another, and society will be peaceful. If someone, such as a criminal, breaks that peace, the king's job isn't just to punish them. Instead, he should teach and inspire them, hoping to bring out the kindness that's already in their heart.

Legalism was the complete opposite. According to Legalism, humans are driven by self-interest; they seek profit and avoid harm. If breaking the law brings more profit than harm, everyone will become a criminal. On the other hand, if a country's laws are strict enough and the punishments harsh enough, no one will dare to break the law. Because Legalists didn't trust people to control their own greed, they never allowed anyone to share power. Instead, they wanted the ruler to keep all the power for himself.

Qin Shi Huang spent the first half of his life struggling through the darker side of human nature, so he naturally found it impossible to believe that humans were born good. Because he strongly believed in Legalism, as soon as he started the Qin Dynasty, he began changing the old laws and government systems left over from the Zhou Dynasty.

Chapter 5:
Politics and Law in the Qin Dynasty

The Political System: Running the Country Like a Business

As we said before, the Zhou rulers thought that sharing their power with family members would keep the peace and ensure the development of the country. It failed. When Qin Shi Huang started the Qin Dynasty, he made himself the top boss of government, money, and the army. He set a strict rule: everything in the country, no matter how big or small, had to be decided by him alone.

Could the king's relatives get special treatment in Qin Shi Huang's government? Not a chance.

Under Qin Shi Huang, the government stopped acting like a small family store. Instead, it became more like a modern company with clear rules and paths for getting promoted. He set up a lead team of officials called the Three Lords and Nine Ministers. Qin Shi Huang was like the CEO of the company. Right below him were three top managers called the Three Lords: the Administration Manager who was like the king's personal chief of staff, the Army Manager who was in charge of the army and defense, and the Law Manager who was charge of the laws and courts.

Below them were the Nine Ministers, who were like team leaders. They handled daily tasks like events, safety, guards, and transport. They also managed the law, foreign guests, the king's private life, taxes, and making tools.

All managers and leaders were personally picked by Qin Shi Huang based on their skills. Family connections didn't matter. Just like employees today, they had to do a good job to stay employed. No matter how powerful they became, they couldn't hand their jobs down to their children.

Local Control: States and Counties

The Zhou Dynasty had used a feudal system, giving land and power to relatives who ruled their own small, independent areas. Qin Shi Huang threw this system out. He replaced it with a system similar to how governments work today.

Instead of the old system, Qin Shi Huang divided the entire country into clear layers of control. He broke the land into large provinces, each managed by a governor. These provinces were then split into even smaller local districts which were run by officials similar to modern-day mayors. By organizing the land this way, the king ensured that every corner of the country followed the same rules, managed by people he picked himself rather than local lords.

This was top-down management. All officials were paid a salary for their work and, most importantly, they couldn't pass their jobs down to their kids.

This system worked so well that it became the basis for how China is run today. Even after thousands of years, the country is still organized according to this same idea.

Qin's Legal System: Rule by Fear

The main idea of Legalism was simple: the harder the punishment, the safer the country. Qin Shi Huang took this to the extreme. His legal system was terrifying for four main reasons.

Many Rules: Qin Shi Huang tried to use laws to control every part of human life. Because people are complicated, he created endless rules to watch over everyone. There were laws for everything: business, marriage, rent, and even farming. Old records show there were even strict rules and punishments about how many times you had to feed an ox!

Heavy Punishments: The death penalty was common, but the government also used body punishments to break people's spirits. This included things like cutting off a person's feet or branding their face with a hot iron. Others were sent to do forced labor, where they lost all their rights and became slaves for the country.

You might think, "I'll just follow the rules." But there were so many laws that it was almost impossible not to break one. If a farmer was a little bit lazy, it was a crime. If you got into a loud argument in public, it was a crime.

There is a famous story about this: A dying woman told her husband, "Stop crying." She was afraid that if the government heard a grown man crying, he would be arrested. Even if the story isn't 100% true, it shows that people felt like there was no way to escape the law. By the end of the Qin Dynasty, there were so many criminals that you would see more people on the street missing a hand or a foot than people whose bodies were still unharmed.

The Group Penalty: This system was first introduced by Shang Yang, who made Qin stronger. Later, Qin Shi Huang developed it to the extreme. It meant that if one person broke the law, everyone they knew suffered. It forced people to spy on each other.

If a person in your village committed a crime and you didn't tell the police, the whole village was punished. If someone did something bad, their parents, husband or wife, and brothers and sisters were all punished. People living in the same house were responsible for each other. And if a government worker broke the law, their boss and coworkers were also guilty if they didn't report it.

Officials as Teachers: Qin Shi Huang believed that schools shouldn't teach things like history or poetry. He thought schools should only teach the law. Since he thought regular teachers were useless, he replaced them with judges and government workers to teach the people how to follow the rules.

Overall, the Qin government was well organized, but its laws were much too harsh. The idea behind Legalism is that people act based on reward and punishment. However, Qin Shi Huang only used punishment and forgot to give rewards. When people are pushed so far where they have nothing left to lose—no money, no happiness, and no safety—they stop following the rules. They start thinking, "The government is going to kill me anyway, so why not fight back?" This way of thinking eventually caused the Qin Dynasty to fall apart.

Chapter 6:
Economy and Culture of Qin

Economic Changes: A Strong Start and a Bad Finish

Now that we've looked at the Qin Dynasty's strict politics and laws, let's look at Qin Shi Huang's big plans for money and culture.

The king's economic rules started with a wave of success. After bringing the seven states together, his first and most important move was to make all money the same. During the Warring States period, every region made its own coins with different shapes and sizes, which made trading difficult. Qin Shi Huang got rid of all those old coins and ordered that only the central government could make money. He created two types of cash: gold for expensive things, and copper coins for everyday shopping.

The copper coin was round with a square hole in the middle, a design that is quite special. By creating this coin, Qin Shi Huang set two great examples for the kings who followed him. First, this round coin with a square hole became the standard model for every Chinese dynasty that followed. Second, he established the rule that only the central government had the right to make money, which gave the king the power to manage the national economy and keep prices stable. In addition to unifying the currency, he made weights and measurements the same for everyone, a common language for trade that made it much easier for people to buy and sell goods all across the country.

Building projects were the other main support for the Qin economy. Following the old saying, "To get rich, you must first build roads," Qin Shi Huang built a huge network of national highways and man-made rivers. Although his main goal was to move his army quickly for his many wars, these roads also became the main paths for business activities. They linked the far corners of the country, making it easy for goods and people to travel. This helped the economy grow. In the Qin Dynasty, crafts like iron, bronze, and pottery were very advanced. The empire even traded with other countries, selling luxury items like silk and tortoiseshell.

However, this golden age was never meant to last. The system began to break apart because of a government policy that favored farming but looked down on business. Businessmen were treated like second-class citizens. They suffered from massive taxes and extremely high rents. And if their businesses failed, they were often forced to become slaves for the country.

This bad way of treating people destroyed the desire to start new businesses. So, what was it like working in farming? At first, the government tried to help farmers by offering rewards, like lower taxes or special titles, to those who grew a lot of food. But these rewards were soon forgotten because the king became obsessed with huge building projects. Building the Great Wall, the Epang Palace, and his giant tomb required an unending supply of workers. Millions of young men were forced away from their homes to work, leaving the farms empty. With no one left to work the land, farming failed, leading to extreme hunger, life became very hard for the people. In the late Qin Dynasty, the rising prices of everything made the whole country's economy even worse.

Cultural Cleansing: The Burning of Books

If the economic story started strong and ended poorly, the cultural story was much more violent. In the beginning, Qin Shi Huang successfully made writing the same for the whole country. He ordered everyone to use a specific style called Small Seal Script, which made it much easier for people to talk to each other through writing.

However, the king was a firm believer in Legalism and had no patience for different ideas. The tension boiled over in 213 BC during a royal dinner when a scholar named Chunyu Yue publicly challenged the new system. He argued for a return to the old way of giving land to relatives to ensure the kingdom would stay in the Qin family's hands forever. In earlier times, officials called censors were encouraged to speak up to the king to keep him humble, but Qin Shi Huang saw this as a direct attack on his power.

To make things worse, the Prime Minister, Li Si, argued that these Confucianism scholars were using old history to speak ill of the current government and weaken the king's control. He suggested a total cleanup of Confucianism culture. Qin Shi Huang agreed and gave the famous order to burn books. Valuable writings from different thinkers, along with history and poetry books, were thrown into the fire. Only useful books about medicine, farming, and fortune-telling were saved. Later, in a fit of fear, the king ordered a search for scholars who spoke against him. He ended up burying over 460 of them alive.

This event, known as the "Burning of Books and Burying of Scholars," is still seen as one of the most awful things done in Chinese history. It was a huge blow that destroyed many cultural treasures. Even so, Qin Shi Huang is still a paradox: he was a man who heartlessly destroyed the culture of the past, while at the same time building amazing structures that would represent China for centuries. We will look at these legends made of stone and earth in the next chapter.

Chapter 7:
Amazing Buildings and Army Tech

When we think of what the Qin Dynasty left behind, the Great Wall is the first thing that comes to mind. But to be fair, Qin Shi Huang didn't build the whole thing from scratch. The wall started much earlier, during the Zhou Dynasty, when different states built walls to protect themselves from neighbors. After Qin Shi Huang took over, he ordered his workers to connect these separate walls, creating the first version of the famous Great Wall. Even though later dynasties like the Han and Ming made it bigger, the Qin project was an unbelievable job. In just nine years, over 300,000 soldiers and workers linked these old parts together into one giant shield.

To get an idea of how big the Qin Great Wall really was, it was over 5,000 kilometers long. For comparison, a flight from New York to Los Angeles is about 4,000 kilometers. This means the wall was long enough to cross the entire United States and still have enough left over to reach far into the ocean. Also, the wall wasn't built on flat land; it follows the sharp lines along the very tops of the mountains. If you've ever visited the Great Wall, you know you often must climb a mountain just to get to the first step! You can only imagine how difficult it was for workers to carry heavy stones up those steep hills and build, brick by brick, right on the edge of the cliffs. That is why people call it one of the great wonders of the world.

Beyond the Great Wall, Qin Shi Huang forced 700,000 workers to build a giant palace called the Epang Palace. Even though it was never finished and was burned down during the wars that ended the dynasty, history books tell us how grand it was. One famous book describes a front hall so huge—about 700 meters wide—that 10,000 people could sit inside it at once. Later poets wrote that the palace grounds went on for over a hundred miles, with towers so tall they seemed to hide the sun.

For most people, death is the end, but the king's big plans didn't stop there. He wanted to keep his power in the life after death, so he spent 39 years building an army of clay soldiers. He started this project as soon as he became king because he wanted a massive underground army to protect him after he died. Today, this army is called the Eighth Wonder of the World. It is huge, covering an area the size of three football fields. Inside, experts have found about 8,000 life-sized clay soldiers. No two are the same. Each one has a different face and expression. They stand there with hundreds of clay horses and war wagons.

Because Qin Shi Huang built his kingdom through war, his army had the best new technology. One of their greatest weapons was the Qin crossbow. These were about 1.3 meters long and could shoot an arrow up to 800 meters. To understand how powerful that is, the AK-47 rifle usually only hits targets accurately at about 400 meters. This meant Qin soldiers could hit their enemies from a huge distance before the enemy could even get close. This made his army almost impossible to defeat.

The way they made their bronze swords was also amazing. These blades were 80 to 90 centimeters long and were made by mixing copper, tin, and lead in a smart way. The outside of the sword was hard and sharp, but the inside was flexible so it wouldn't snap during a fight. Even after being buried for over 2,000 years, these swords were still sharp when they were dug up!

What surprises historians the most is that all these weapons were made to be the exact same size and shape. Many even had ID numbers on them. This proves that the Qin Dynasty was using factory methods long before the West ever did.

Chapter 8:
Daily Life in Qin and the Shadow of a Mean Ruler

Finally, let's look at how regular people lived in the Qin Dynasty—what they wore, what they ate, what their homes were like, and how they traveled.

Clothing back then was made to be useful and simple. Most people wore long robes that crossed at the neck. These were usually white or dark colors with tight sleeves so they wouldn't get in the way during hard work. Men tied their hair in a knot on top of their heads, often covering it with a small cap or scarf, while women wore their hair in elegant buns.

For food, most families ate millet, a type of grain. While we eat a lot of rice and wheat today, back then, those foods were expensive and mostly for rich people. People also loved wine, which was made from grain and sometimes flavored with flowers like chrysanthemums. Surprisingly, their houses were quite good, and most had tiled roofs. This was a big luxury, as people in later centuries would go back to living under simple grass roofs. Because the king built so many roads, it was common to see wagons pulled by oxen and horses traveling across the land.

Whether the people were actually happy is a question we have already started to answer by looking at their laws, money, and culture. To see the truth of how they lived, we can look at a simple but sad math problem. When Qin Shi Huang brought the seven states together, the total population was about 20 million people. Usually, in a world like that, young men and women between the ages of 15 and 40 made up about 40% of the total, and half of them were women. This means there were only about 4 million young men to start with, and many of them had already died in the ten years of war before the country was unified. We can guess that at the beginning of the Qin Dynasty, there were fewer than 3.5 million healthy, working-aged men left, only about one sixth of the total population

Qin Shi Huang's plans were much too big for this many workers. Just three of his giant projects—the Great Wall, the Epang Palace, and the army of clay soldiers—needed two million workers. When you also count the men needed to build roads and man-made rivers, the soldiers fighting tribes in the north, and the people killed or put in jail under his harsh laws, it is easy to see that the country's workers were pushed until they couldn't give anymore.

During his eleven years as king, the supply of workers was completely used up. This left the farm fields empty with no one to grow food, and the country fell into a state of hopeless suffering. This perfectly fulfilled the prediction of Wei Liao that "once he conquers the world, he will treat all the people as his slaves."

The true feelings of the people are best seen in two famous traditional stories that have been told for over two thousand years.

The first is the legend of Lady Meng Jiang, a young bride whose husband was taken away by force by the government to work as a forced laborer. When she traveled a long way to the Great Wall to bring him warm clothes for the winter, she discovered he had already died from overwork. Her sadness was so powerful that her crying moved the gods, causing a huge section of the Wall to fall and reveal her husband's bones.

The second is the story of Jing Ke, a killer who pretended to give up and follow the king, only to pull out a small hidden knife and try to kill him. Even though he failed, people have celebrated him as a brave hero for centuries.

These two stories tell us a lot about that time. One uses the anger of the gods to protest the bad things the king did, while the other turns a man who tried to kill the king into a popular hero. It is clear that the people held a deep, burning anger toward their ruler. Indeed, it was not merely the common people. In the eyes of many scholars and historians, both during the Qin Dynasty itself and throughout subsequent dynasties, the portrayal of Qin Shi Huang has, for the most part, been decidedly unfavorable.

Chapter 9:
The Fall of the Qin Dynasty

Just as flowers open and die according to the laws of nature, the powerful Qin Dynasty followed its own path to falling apart. To put it simply: by its final days, the empire was already in terrible condition. Once Qin Shi Huang passed away, there was nobody left who could fix it.

In 210 BC, while on an official trip to visit his lands, the king suddenly fell seriously ill at a place called Shaqiu. Knowing his time was short, he wrote a final order. He asked his most talented eldest son, Fusu, to return to the capital to arrange the funeral, a clear sign that Fusu was to be the next king. However, before the letter could be sent, it was stolen by the king's most trusted official, Zhao Gao.

Zhao Gao took the secret letter and went straight to Li Si, the Prime Minister. You might remember Li Si; he was the one who previously suggested Qin Shi Huang burn books and bury scholars. Zhao Gao warned him, "The king is dying. If Fusu becomes the next king, you will be in big trouble. He has always disliked your cruel and unkind rules. Why not join me to steal the power?" Li Si was a man who cared about power more than being loyal, so he quickly agreed to the secret plan.

Next, Zhao Gao approached his student, Huhai, who was another son of Qin Shi Huang. He tricked the young man, saying, "The king wants your brother to take his place. Do you think he will treat you well? Li Si and I have decided to make you the new leader. You just need to cooperate with us." The three men in the secret plan then made up a fake official order from the king:

Huhai was named the new ruler, while Fusu was ordered to kill himself for being a bad son.

Once Huhai took power, things went from bad to worse. He tried to rule with his father's harshness but lacked the actual skill to do so, leaving all the work of running the country to Zhao Gao. A year later, a group of farmers who were working for the government was slowed down by heavy rains on their way to a job. Under Qin's laws, being late for any reason was a crime where the only punishment was death. Realizing they were dead men anyway, the leaders, Chen Sheng and Wu Guang, decided to take a chance and fight back. This started the first large-scale fight by farmers in Chinese history.

Why did this fight against the government spread to the rest of the country so fast? First, the people had been pushed to the limit of what they could stand by heavy taxes and forced labor. Second, the Qin laws were designed for collective punishment: if one person fought back, their entire family or village was punished. Because of this, people felt that since they would be killed by the government anyway, they might as well join the big fight for change.

In a strange way, the difficult law system Qin Shi Huang built to control his people ended up making the kingdom fall apart even faster. There is a Confucianism saying, "going too far is as bad as not going far enough." Unfortunately, Qin Shi Huang only believed in one way of thinking and didn't know how to listen to other opinions.

Furthermore, the king's sons were either too weak or too foolish to lead the country.

Fusu, the oldest son, was kind and had high hopes for a perfect world, but when you are a leader, too much kindness can become a weakness. Even though he controlled an army of 300,000 soldiers, he followed the fake order to kill himself without asking any questions. Unlike his father, he gave up far too easily.

Huhai, the son who stole the throne, was even worse. He was not a smart man. Until the day he died, he never realized he was just Zhao Gao's tool. To show you how foolish he was, let's look at two famous stories. The first one is the killing of his own family. After he became the new leader, he followed Zhao Gao's advice and killed more than twenty of his own brothers and sisters. In the end, this left him with only Zhao Gao's people around, and he lost all real power to make decisions.

The second story is even more unbelievable. It is called "Pointing at a Deer and Calling it a Horse." Zhao Gao brought a deer into the room where the king and his officials met. He told Huhai it was a horse. When Huhai laughed and said it was actually a deer, Zhao Gao asked the other officials. Those who were honest and said it was a deer were later secretly killed by Zhao Gao. In the end, no one dared to tell the king the truth anymore.

By 207 BC, as the people fighting the government got close to the capital city, Zhao Gao tried to blame Huhai for all the trouble and sent killers to end his life. Even though he was an adult in his twenties, Huhai acted like a helpless child when he faced danger. He begged with the killers, asking if he could just go to a faraway place to be a small, local king. He was the opposite of his father. While the father had a mind of iron even as a boy, the son had the mind of a child even as a man.

After Huhai died, another son of Qin Shi Huang, Ziying, became the leader, but he was only in power for 46 days. Before the fighting even started, Ziying became extremely afraid. When the army of Liu Bang (the man who would later start the Han Dynasty) arrived at the gates, Ziying gave up right away and handed over the city. With this, the Qin Dynasty finally came to an end. Ziying thought that by stopping the fight, he would be allowed to live. But even though he gave up, he was still killed by Liu Bang in the end.

It is a sad thing that Qin Shi Huang, a man who was so smart and had such big goals, ended up with no children who could lead after him. His children killed each other, and he died without any respect. His body was even hidden in a carriage filled with dead salted fish to hide the smell of his body while Zhao Gao carried out his secret plan.

As we reach the end of our story, it is time to reveal the final and most exciting part of Qin Shi Huang's famous life: Zhao Gao, the man who played a key role in the quick end of the Qin Dynasty. Zhao Gao was originally from the State of Zhao, and many people who study history believe he stayed close to the king from the very beginning just to get revenge for his home country.

However, there is another point of view which suggests that Zhao Gao's rise to power was simply an accident. This idea of "accident" adds a strong sense of fate to Qin Shi Huang's life, making it feel as though his story was always meant to end this way.

In 210 BC, at the age of 49, Qin Shi Huang died of illness at Shaqiu. When he was a boy, he was stuck as a hostage prince in the State of Zhao. After getting away, he rose from a king with no power to a great ruler who would rule all other enemy states, enjoying glory like no other. Yet as his luck changed, both he and his empire were finally destroyed by someone from Zhao. This makes us think of the sad ancient Greek story of Oedipus: he tried to run away from the fate of killing his father and marrying his mother, yet ended up making it happen because of a strange turn in his life. So, is it true that people cannot break free from their fate?

Perhaps only the gods know the answer. But although fate is shaped by heaven, the path is chosen by people themselves. Qin Shi Huang thought getting away from Zhao meant freedom, yet he did not see that what truly held him back was his strong hunger for power. He tried to use power to make the world his slave, unaware that he had long since become its prisoner.

As Nietzsche said: "when you look too long into the dark, the dark also looks back at you."

Glossary of Proper Nouns

These are all the names of people, places and events used in this book.

Chinese	Pinyin	English
安国君	Āngúojūn	Anguo Jun (Qin Yiren's father, later King Xiaowen of Qin)
兵马俑	Bīngmǎyǒng	Terracotta Army (Qin Shi Huang's funerary sculptures)
长城	Chángchéng	Great Wall
陈胜	Chén Shèng	Chen Sheng (leader of the first peasant uprising)
楚国	Chǔguó	State of Chu (one of the Warring States)
淳于越	Chúnyú Yuè	Chunyu Yue (Confucian official who criticized Qin)
俄狄浦斯	Édípǔsī	Oedipus (Greek tragic king)
阿房宫	Ēpánggōng	Epang Palace (Qin Shi Huang's massive unfinished palace)
法家	Fǎjiā	Legalism (ancient Chinese school of thought)
分封制	fēnfēngzhì	Fengjian system (Zhou feudal enfeoffment system)
焚书坑儒	Fénshū Kēngrú	Burning of books and burying of scholars (213–212 BC)
佛家	Fójiā	Buddhism
扶苏	Fúsū	Fusu (eldest son of Qin Shi Huang, forced to commit suicide)
汉朝	Hàncháo	Han Dynasty (succeeded Qin)
韩国	Hánguó	State of Han
胡亥	Hú Hài	Hu Hai (second emperor of Qin, son of Qin Shi Huang)
华阳夫人	Huáyáng Fūrén	Lady Huayang (favored consort of Anguo Jun, adoptive mother of Qin Yiren)
荆轲	Jīng Kē	Jing Ke (assassin who attempted to kill Qin Shi Huang)

荆轲刺秦王	Jīng Kē Cì Qín Wáng	Jing Ke Assassinates the King of Qin (famous story)
郡县制	jùnxiànzhì	Commandery-county system (Qin administrative system)
孔子	Kǒngzǐ	Confucius
嫪毐	Lào Ǎi	Lao Ai (lover of Queen Dowager Zhao Ji, led a rebellion)
李斯	Lǐ Sī	Li Si (chief minister of Qin who proposed burning books)
刘邦	Liú Bāng	Liu Bang (founder of the Han Dynasty)
吕不韦	Lǚ Bùwéi	Lü Buwei (wealthy merchant and political sponsor of Qin Yiren)
洛杉矶	Luòshānjī	Los Angeles
美国	Měiguó	United States
孟姜女	Mèng Jiāngnǚ	Meng Jiangnu (legendary woman who wept at the Great Wall)
孟姜女哭长城	Mèng Jiāngnǚ Kū Chángchéng	Meng Jiangnu Weeps at the Great Wall (folk tale)
明朝	Míngcháo	Ming Dynasty
尼采	Nícǎi	Nietzsche (German philosopher)
纽约	Niǔyuē	New York
齐国	Qíguó	State of Qi
秦始皇	Qín Shǐhuáng	Qin Shi Huang (first emperor of unified China; born Ying Zheng)
秦异人	Qín Yìrén	Qin Yiren (hostage prince, later King Zhuangxiang of Qin)
秦朝	Qíncháo	Qin Dynasty (first unified Chinese empire, 221–206 BC)
秦国	Qínguó	State of Qin (pre-unification Qin kingdom)
人心不足蛇吞象	rénxīn bùzú shé tūn xiàng	A person's greed is like a snake swallowing an elephant (proverb)
儒家	Rújiā	Confucianism
三公九卿	Sān Gōng Jiǔ Qīng	Three Excellencies and Nine Ministers (Qin central government structure)

商鞅	Shāng Yāng	Shang Yang (Legalist reformer who strengthened Qin)
沙丘	Shāqiū	Shaqiu (place where Qin Shi Huang died)
士农工商	shì nóng gōng shāng	Scholar, farmer, artisan, merchant (traditional social hierarchy)
书同文	Shū Tóng Wén	Standardization of writing (Qin policy unifying Chinese script)
太平洋	Tàipíngyáng	Pacific Ocean
万里长城	Wànlǐ Chángchéng	Great Wall of China
尉缭	Wèi Liáo	Wei Liao (military strategist who briefly served Qin Shi Huang)
卫国	Wèiguó	State of Wei (smaller state; birthplace of Shang Yang)
魏国	Wèiguó	State of Wei (one of the Warring States)
吴广	Wú Guǎng	Wu Guang (co-leader of the first peasant uprising)
夏姬	Xià Jī	Xia Ji (concubine of Anguo Jun, mother of Qin Yiren)
西周	Xīzhōu	Western Zhou Dynasty
燕国	Yānguó	State of Yan
嬴政	Yíng Zhèng	Ying Zheng (birth name of Qin Shi Huang)
英雄不问出处	yīngxióng bú wèn chūchù	A true hero's origins don't matter (proverb)
战国七雄	Zhànguó Qī Xióng	Seven Warring States (Qin, Han, Zhao, Wei, Chu, Yan, Qi)
战国时期	Zhànguó shíqī	Warring States Period (475–221 BC)
赵高	Zhào Gāo	Zhao Gao (powerful eunuch official who manipulated the Qin court)
赵姬	Zhào Jī	Zhao Ji (mother of Qin Shi Huang, consort of Qin Yiren)
赵国	Zhàoguó	State of Zhao
指鹿为马	zhǐ lù wéi mǎ	Calling a deer a horse (famous idiom from the Qin court)
质子制度	zhìzǐ zhìdù	Hostage prince system
中国	Zhōngguó	China

中华	Zhōnghuá	Zhonghua (traditional name for China, Chinese civilization)
周朝	Zhōucháo	Zhou Dynasty (preceded the Qin, divided into Western and Eastern Zhou)
子婴	Zǐ Yīng	Zi Ying (third and last ruler of Qin, surrendered to Liu Bang)

Glossary of General Vocabulary

These are all the Chinese words, other than proper nouns, used in this book.

Chinese	Pinyin	English
啊	a	ah, oh, what
安居乐业	ānjū lèyè	to live and work in peace and contentment
安全	ānquán	safety
按照	ànzhào	according to
吧	ba	(indicates assumption or suggestion)
把	bǎ	to hold, to guard, a bundle
八	bā	eight
百	bǎi	hundred
百姓	bǎixìng	common people
百战百胜	bǎizhàn bǎishèng	winning every battle, invincible
帮助	bāngzhù	to help
保护	bǎohù	to protect
暴君	bàojūn	tyrant
被	bèi	(particle before passive verb)
被称为	bèi chēngwéi	to be called, known as
背	bēi/bèi	to carry on one's back (bēi); to betray (bèi)
悲惨	bēicǎn	tragic, miserable
背景	bèijǐng	background, backdrop
悲剧	bēijù	tragedy
本性	běnxìng	innate nature, true nature
必(须)	bì (xū)	must
变(成)	biàn (chéng)	to change, to become
变法	biànfǎ	reform, institutional change

边界	biānjiè	boundary
表面上	biǎomiàn shàng	on the surface, outwardly
标准化	biāozhǔnhuà	standardization
比较	bǐjiào	compare, relatively
并	bìng	and; moreover; actually
兵器	bīngqì	weapons
并且	bìngqiě	and
比喻	bǐyù	metaphor, analogy
不	bù	not, no
不久	bù jiǔ	soon, before long
不再	bú zài	no longer
不但	búdàn	not only
不得不	bùdébù	have no choice but to, must
不管	bùguǎn	in spite of
不过	búguò	however
不仅	bùjǐn	not only
才(能)	cái (néng)	can only, talent
藏	cáng	to hide
残忍	cánrěn	cruel
场	chǎng	(measure word for events, performances, occasions)
朝代	cháodài	dynasty, dynastic era
朝廷	cháotíng	royal court
车	chē	cart, chariot
彻底	chèdǐ	thoroughly, completely
称	chēng	to call, name; to weigh
城(市)	chéng (shì)	city
惩罚	chéngfá	punishment
称呼	chēnghu	form of address, title
诚意	chéngyì	sincerity, good faith

成语	chéngyǔ	idiom, four-character expression
吃	chī	to eat
充分	chōngfèn	fully, sufficiently; thorough
出	chū	out
除了	chú le	except for, besides
创造	chuàngzào	to create
传奇	chuánqí	legend
传说	chuánshuō	legend
传统	chuántǒng	tradition; traditional
处境	chǔjìng	situation, circumstances
初期	chūqī	early period, beginning stage
出身	chūshēn	origin, background, birth
出生	chūshēng	born
处死	chǔsǐ	to execute, put to death
出现	chūxiàn	to appear
次	cì	next in a sequence, (measure word for time)
刺客	cìkè	assassin
此外	cǐwài	besides, in addition
从	cóng	from
聪明	cōngming	clever
摧残	cuīcán	to wreak havoc on, devastate
村民	cūnmín	villager
打	dǎ	to hit, to play
打败	dǎbài	to defeat
大臣	dàchén	minister
大官	dàguān	high-ranking official
带	dài	to carry, to lead, to bring, a band, a belt
大量	dàliàng	large amount, a great quantity
但(是)	dàn (shì)	but

当然	dāngrán	of course
当时	dāngshí	at that time
到	dào	to arrive, towards
到处	dàochù	everywhere
到达	dàodá	to arrive, reach
道理	dàolǐ	truth, reason
道路	dàolù	road, path
打仗	dǎzhàng	to fight a war
得	de	(particle showing degree or possibility)
的	de	(possessive particle)
地	de/dì	adverbial particle (de); ground, earth (dì)
第	dì	(prefix before a number)
地方	dìfang	location, place
地位	dìwèi	status, position
地下	dìxià	underground
东	dōng	east
都	dōu	both, all
段	duàn	(measure word for sections)
对	duì	correct, towards someone or something, pair
对于	duìyú	regarding
躲	duǒ	to hide, dodge
躲藏	duǒcáng	to hide, conceal oneself
夺权	duóquán	to seize power
二	èr	two
而(且)	ér (qiě)	and, but
儿(子)	ér (zi)	son
发布	fābù	to issue, publish, announce
法令	fǎlìng	decree
法律	fǎlǜ	law

发明	fāmíng	to invent; invention
反而	fǎn'ér	on the contrary, instead
放	fàng	to put, to let out
放弃	fàngqì	to give up, abandon
放松	fàngsōng	to relax; loosen
反抗	fǎnkàng	to resist; resistance
繁荣	fánróng	prosperous
发现	fāxiàn	to discover; discovery
发展	fāzhǎn	to develop; development
妃(子)	fēi (zi)	concubine
非常	fēicháng	extremely, very
废除	fèichú	to abolish, repeal
封建	fēngjiàn	feudal
父母	fùmǔ	parents
父亲	fùqīn	father
富商	fùshāng	wealthy merchant
改(变)	gǎi (biàn)	to change
改革	gǎigé	to reform; reform
感(到)	gǎn (dào)	to feel, sense
岗位	gǎngwèi	post, position, station
个	gè	(measure word, generic)
各地	gèdì	various places, everywhere
给	gěi	to give
跟(着)	gēn (zhe)	with, to follow
更	gèng	even more
根据	gēnjù	according to, based on
攻(打)	gōng (dǎ)	to attack
工程	gōngchéng	engineering project, construction
宫殿	gōngdiàn	palace
巩固	gǒnggù	to consolidate, strengthen

工匠	gōngjiàng	craftsman, artisan
公平	gōngpíng	fair, just
工艺	gōngyì	craft, technique, craftsmanship
公元前	gōngyuán qián	BC (year Before Christ)
管理	guǎnlǐ	to manage; management
管理者	guǎnlǐzhě	manager, administrator
官位	guānwèi	official position, rank
关系	guānxi	relationship
关于	guānyú	about
官员	guānyuán	official, government officer
官职	guānzhí	official post, government position
古代	gǔdài	ancient times; ancient
孤独	gūdú	lonely
规定	guīdìng	regulation, to make a rule
规矩	guīju	rules, customs; well-behaved
贵族	guìzú	aristocrat
鼓励	gǔlì	to encourage
孤立无援	gūlì wúyuán	isolated and without help
过	guò	to pass, (after verb to indicate past tense)
国(家)	guó (jiā)	country
过去	guòqù	past, to pass by
国土	guótǔ	territory
国王	guówáng	king
故事	gùshi	story
还	hái	still, also, again
孩(子)	hái (zi)	child
还是	háishi	still is
好处	hǎochu	benefit
和	hé	and; with

喝	hē	to drink
和和气气	héhéqìqì	in a friendly, harmonious manner
很	hěn	very
很多	hěn duō	many, a lot
和平	hépíng	peace
和谐	héxié	harmonious
后	hòu	after, back, behind
后来	hòulái	later
后面	hòumiàn	later, behind
后期	hòuqī	later period, latter stage
话	huà	words, speech
花(朵)	huā (duǒ)	flower
皇帝	huángdì	emperor
皇宫	huánggōng	imperial palace
皇家	huángjiā	imperial family, royal family
黄金	huángjīn	gold
皇位	huángwèi	imperial throne
回	huí	to return
会	huì	will, able to, meet
活(着)	huó (zhe)	alive, to live
或(者)	huò (zhě)	or
货币	huòbì	currency, money
活埋	huómái	to bury alive
极	jí	extremely
既	jì	since; both...and
几	jǐ	several
家	jiā	family, home, one who does (-er, -ian, -ist)
件	jiàn	(measure word for clothing, matters)
见(面)	jiàn (miàn)	to see, to meet
建(造)	jiàn (zào)	to put up, to build

讲	jiǎng	to speak
奖励	jiǎnglì	reward; to reward
渐渐	jiànjiàn	gradually, little by little
减少	jiǎnshǎo	to decrease, reduce
监视	jiānshì	to spy, to monitor
叫	jiào	to call, to shout
缴	jiǎo	to pay, hand over
缴纳	jiǎonà	to pay, submit (taxes/fees)
叫做	jiàozuò	to be called, known as
加强	jiāqiáng	to strengthen, reinforce
家人	jiārén	family, family members
家庭	jiātíng	family
家族	jiāzú	clan, family clan
继承	jìchéng	to inherit, succeed to
接下来	jiē xiàlái	next, following, then
接班	jiēbān	to take over, succeed
结婚	jiéhūn	to get married; marriage
阶级	jiējí	social class
姐妹	jiěmèi	sisters
接受	jiēshòu	to accept
结束	jiéshù	to finish, the end
接着	jiēzhe	and then
几乎	jīhū	almost
进	jìn	to advance, to enter
经常	jīngcháng	often
经过	jīngguò	through; after
经济	jīngjì	economy; economic
经历	jīnglì	experience
进入	jìnrù	to enter
今天	jīntiān	today

既然	jìrán	now that
祭祀	jìsì	sacrificial ritual
集体惩罚	jítǐ chéngfá	collective punishment
就	jiù	just, right now
九	jiǔ	nine
就算	jiùsuàn	even if
继续	jìxù	to continue
记载	jìzǎi	to record; historical record
举报	jǔbào	to report (someone), inform on
觉得	juéde	to feel
崛起	juéqǐ	to rise, emerge powerfully
局面	júmiàn	situation, state of affairs
军(队)	jūn (duì)	army
军事实力	jūnshì shílì	military strength, military power
开始	kāishǐ	to start, beginning
砍	kǎn	to chop, to hack
看(见)	kàn (jiàn)	to see
看不起	kànbuqǐ	despise
刻	kè	to carve
可怕	kěpà	frightening, terrible
可以	kěyǐ	can, may
控制	kòngzhì	to control
哭	kū	to cry
块	kuài	(measure word for chunks, pieces)
快乐	kuàilè	happy
快速	kuàisù	fast, quickly
苦力	kǔlì	coolie, unskilled laborer
苦难	kǔnàn	suffering
扩大	kuòdà	to expand, enlarge
来	lái	to come, to arrive

拦	lán	to block
烂摊子	làntānzi	A mess
烙	lào	to brand, burn a mark
老	lǎo	old
老百姓	lǎobǎixìng	ordinary people, commoners
劳动力	láodònglì	labor force, manpower
劳工	láogōng	laborer, worker
了	le	(indicates completion)
离	lí	away from, to leave
力	lì	force
里(面)	lǐ (miàn)	inside
两	liǎng	two, Chinese ounce
粮食	liángshi	grain, food crops
炼铁	liàntiě	to smelt iron
了解	liǎojiě	to understand
理解	lǐjiě	to understand
离开	líkāi	to leave
力量	lìliàng	strength, power, force
领导	lǐngdǎo	to lead; leader; leadership
领地	lǐngdì	domain, territory, fief
另外	lìngwài	in addition, besides
历史	lìshǐ	history
历史记载	lìshǐ jìzǎi	historical records
历史学家	lìshǐxuéjiā	historian
留	liú	to stay
六	liù	six
流传	liúchuán	to be passed down, spread
流水线	liúshuǐxiàn	assembly line, production line
理想	lǐxiǎng	ideal, aspiration; ideal
利益	lìyì	benefit, interest, profit

吗	ma	(indicates a question)
卖	mài	to sell
买	mǎi	to buy
慢	màn	slow
贸易	màoyì	trade, commerce
没(有)	méi (yǒu)	no, have not
们	men	(indicates plural)
梦	mèng	dream
灭掉	mièdiào	to wipe out, destroy
灭亡	mièwáng	to be destroyed; fall, perish
名义	míngyì	nominal; name, title
命运	mìngyùn	fate, destiny
民间	mínjiān	folk, among the people
目标	mùbiāo	goal, target
目的	mùdì	purpose, objective
母亲	mǔqīn	mother
拿	ná	to take, hold, carry
那	nà	that
哪	nǎ	which
那时	nà shí	at that time
那时候	nà shíhou	at that time (spoken)
那么	nàme	so then
男	nán	male, man
男友	nányǒu	boyfriend
那些	nàxiē	those
那样	nàyàng	like that, in that way
呢	ne	(indicates question)
内	nèi	inside, inner
能	néng	can
你	nǐ	you (gender-neutral)

年	nián	year
年代	niándài	era, decade, years
逆袭	nìxí	to make a comeback, reverse fortunes
农民	nóngmín	farmer
农业	nóngyè	agriculture
女	nǚ	female
奴隶	núlì	slave
努力	nǔlì	hard-working; to work hard
女性	nǚxìng	female, women
爬	pá	to climb
旁(边)	páng (biān)	beside
叛乱	pànluàn	rebellion
跑	pǎo	to run
培养	péiyǎng	to cultivate, nurture, train
陪葬	péizàng	to be buried with the dead; burial goods
匹	pǐ	(measure word for horses, cloth)
拼	pīn	to piece together; to risk
七	qī	seven
前	qián	in front, before
千	qiān	thousand
牵	qiān	to lead
钱币	qiánbì	coin
强(大)	qiáng (dà)	powerful
前面	qiánmiàn	in front, ahead
其次	qícì	secondly; next in order
奇迹	qíjì	miracle, wonder
情况	qíngkuàng	situation
轻视	qīngshì	to look down on, underestimate
青铜	qīngtóng	bronze
其实	qíshí	actually, in fact

求	qiú	to beg
起义	qǐyì	uprising, insurrection
妻子	qīzi	wife
去	qù	to go
取	qǔ	to take, to get
娶	qǔ	to marry (a woman)
权(力)	quán (lì)	power, authority
全国	quánguó	the whole country, nationwide
权利	quánlì	rights (legal)
权威	quánwēi	authority, prestige
确实	quèshí	indeed
取消	qǔxiāo	to cancel, abolish
然而	rán'ér	however
让	ràng	to let, to cause
然后	ránhòu	then
人	rén	person, people
人才	réncái	talent
仍然	réngrán	still, yet
人口	rénkǒu	population
人生	rénshēng	life (one's lifetime)
人手	rénshǒu	manpower, workforce
认为	rènwéi	to believe
人物	rénwù	figure, character, personage
人性	rénxìng	human nature
人质	rénzhì	hostage
日	rì	day; sun
软弱	ruǎnruò	weak, feeble
如果	rúguǒ	if
三	sān	three
三族	sān zú	three clans (of an offender)

上	shàng	top, on
商人	shāngrén	merchant, trader
商业	shāngyè	commerce, trade
善良	shànliáng	kind-hearted, good
烧掉	shāodiào	to burn (something) away
身份	shēnfèn	identity, status
生(活)	shēng (huó)	to give birth, to grow out, life
生病	shēngbìng	sick
生产	shēngchǎn	production; to produce
生活条件	shēnghuó tiáojiàn	living conditions
生命	shēngmìng	life
什么	shénme	what?
什么样	shénme yàng	what kind of
甚至	shènzhì	even
十	shí	ten
是	shì	is, are, yes, correct
时(候)	shí (hou)	time, moment, period
士兵	shìbīng	soldier
时代	shídài	era, age, period
示好	shìhǎo	to show goodwill, make friendly gestures
实际上	shíjì shàng	actually, in practice
时间	shíjiān	time, period
实力	shílì	strength
势力	shìlì	influence, power, force
时期	shíqī	period, phase, stage
实权	shíquán	power, authority
事实上	shìshí shàng	in fact, as a matter of fact
史书	shǐshū	historical records, history books
实现	shíxiàn	to realize, achieve

实行	shíxíng	to implement, practice
收(下)	shōu (xià)	to receive, to collect, to include
首都	shǒudū	capital city
手工业	shǒugōngyè	handicraft industry
收集	shōují	to collect, gather
收税	shōushuì	to collect taxes
首先	shǒuxiān	first
谁	shuí	who
税	shuì	tax
水渠	shuǐqú	irrigation canal, water channel
税收	shuìshōu	tax revenue, taxation
说(话)	shuō (huà)	to say
说法	shuōfǎ	way of saying; version of events
说明	shuōmíng	to explain
四	sì	four
死	sǐ	to die; dead; death
死亡	sǐwáng	death
思想	sīxiǎng	thought, ideology, philosophy
思想家	sīxiǎngjiā	thinker, philosopher
死刑	sǐxíng	death penalty, capital punishment
送(给)	sòng (gěi)	to give a gift
送去	sòngqù	to send to
搜捕	sōubǔ	to search for and arrest
虽然	suīrán	although
随时	suíshí	at any time, whenever
所以	suǒyǐ	so
他	tā	he, him
她	tā	she, her
它	tā	it
太	tài	too

太后	tàihòu	empress dowager, queen mother
太子	tàizǐ	crown prince
贪心	tānxīn	greedy, greed
逃(走)	táo (zǒu)	to escape
陶瓷	táocí	ceramics, pottery
逃回	táohuí	to flee back to
陶马	táomǎ	terracotta horse
陶俑	táoyǒng	terracotta figure
特别	tèbié	special
天	tiān	day; sky
条	tiáo	(measure word for long, narrow, flexible things)
条件	tiáojiàn	condition
条文	tiáowén	articles, provisions (of law)
调整	tiáozhěng	to adjust, regulate
提高	tígāo	to increase, to improve
听	tīng	to listen, hear
停(止)	tíng (zhǐ)	to stop
体系	tǐxì	system, framework
体制	tǐzhì	system, structure
铜	tóng	copper
通(过)	tōng (guò)	to pass through, through
通常	tōngcháng	usual, normal
同时	tóngshí	in the meantime
统一	tǒngyī	to unite
统治	tǒngzhì	to rule
统治者	tǒngzhìzhě	ruler, governor
同罪	tóngzuì	guilty of the same crime
头	tóu	head, (measure word for animal with big head)
偷偷	tōutōu	secretly

土地	tǔdì	land
推翻	tuīfān	to overthrow, topple
推行	tuīxíng	to implement, push forward
突然	tūrán	suddenly
挖	wā	to dig
外(面)	wài (miàn)	outside
万	wàn	ten thousand
往	wǎng	towards, in the past
王朝	wángcháo	dynasty
王位	wángwèi	throne, royal seat
王子	wángzǐ	prince
晚期	wǎnqī	late period, final stage
完全	wánquán	completely
为	wèi	for; as
位	wèi	place, (measure word for people (polite))
未来	wèilái	future
危险	wēixiǎn	danger
威信	wēixìn	prestige, authority, credibility
问	wèn	to ask
稳定	wěndìng	stable; stability
我	wǒ	I, me
五	wǔ	five
西	xī	west
下	xià	down, under
下令	xiàlìng	to issue an order, command
现代	xiàndài	modern times; modern
向	xiàng	toward
想	xiǎng	to want, to miss, to think of
相当	xiāngdāng	quite, considerably; equivalent to
想法	xiǎngfǎ	idea, thought, opinion

想起	xiǎngqǐ	to remember
相信	xiāngxìn	to believe, trust
现在	xiànzài	now
笑	xiào	to laugh
消灭	xiāomiè	to eliminate, wipe out
小心	xiǎoxīn	careful
写	xiě	to write
心	xīn	heart; mind
刑罚	xíngfá	punishment, penalty
幸福	xìngfú	happy
心机	xīnjī	scheming, hidden intentions
心情	xīnqíng	mood, state of mind
信任	xìnrèn	to trust; trust
心态	xīntài	mental state, mindset
兄弟	xiōngdì	brothers
凶险	xiōngxiǎn	treacherous, dangerous
牺牲	xīshēng	to sacrifice; sacrifice
修(建)	xiū (jiàn)	to build, construct
希望	xīwàng	to hope
许多	xǔduō	many
血统	xuètǒng	bloodline, lineage
迅速	xùnsù	rapidly, quickly
呀	ya	(exclamation particle)
掩盖	yǎngài	to cover up, conceal
严格	yángé	strict, rigorous
养父	yǎngfù	adoptive father
养母	yǎngmǔ	adoptive mother
养子	yǎngzǐ	adopted son
严酷	yánkù	harsh, cruel, severe
严厉	yánlì	stern, strict, severe

要	yào	to want
压迫	yāpò	to oppress; oppression
也	yě	also
野心	yěxīn	ambition (negative)
一	yī	one
一辈子	yí bèizi	a lifetime, one's whole life
一步步	yí bù bù	step by step
一段时间	yí duàn shíjiān	a period of time
一件件	yí jiàn jiàn	one by one (items)
一定	yídìng	certainly; certain; some
义父	yìfù	godfather
以后	yǐhòu	after, later, in future
已经	yǐjīng	already
应该	yīnggāi	should, ought to
英雄	yīngxióng	hero
因为	yīnwèi	because
一起	yìqǐ	together
一切	yíqiè	everything, all
依然	yīrán	still, as before
以为	yǐwéi	to believe
一些	yìxiē	some
一样	yíyàng	same
医药	yīyào	medicine
一直	yìzhí	always; continuously; straight
用	yòng	to use
永不	yǒng bù	never, never again
拥有	yōngyǒu	to own, possess, have
由	yóu	from, by, because of
又	yòu	again, also

有	yǒu	to have
尤其	yóuqí	especially, particularly
有时	yǒushí	sometimes
有效	yǒuxiào	effective, valid
友谊	yǒuyì	friendship
由于	yóuyú	due to, because of
与	yǔ	and, with
愿意	yuànyì	willing to
愚蠢	yúchǔn	foolish, stupid
越	yuè	to exceed, to cross
越来越	yuèláiyuè	more and more, increasingly
于是	yúshì	therefore
欲望	yùwàng	desire
再	zài	again
在	zài	at, in
宰相	zǎixiàng	prime minister, chancellor
暂时	zànshí	temporarily, for the time being
造反	zàofǎn	to rebel, revolt
增长	zēngzhǎng	to increase, grow; growth
怎么	zěnme	how; why
怎么样	zěnmeyàng	how about; how is it
怎样	zěnyàng	how
战	zhàn	war
站	zhàn	to stand
占卜	zhānbǔ	divination
战场	zhànchǎng	battlefield
战斗	zhàndòu	battle, combat
长大	zhǎngdà	to grow up
丈夫	zhàngfu	husband
掌权	zhǎngquán	to hold power, be in power

着	zhe	(indicates action in progress)
这	zhè	this
这种	zhè zhǒng	this kind of
这里	zhèlǐ	here
这么	zhème	so, like this
政策	zhèngcè	policy
政府	zhèngfǔ	government
政治	zhèngzhì	politics; political
政治家	zhèngzhìjiā	statesman, politician
哲学家	zhéxuéjiā	philosopher
这样	zhèyàng	like this, in this way
支	zhī	(measure word for stick-like things, armies, songs, flowers)
支持	zhīchí	to support
知道	zhīdào	to know
制度	zhìdù	system, institution
治国	zhìguó	to govern a country
之后	zhīhòu	after, following
之间	zhījiān	between, among
治理	zhìlǐ	to govern, administer
之前	zhīqián	before, prior to
只是	zhǐshì	only, just, merely
志向	zhìxiàng	ambition, aspiration
执行	zhíxíng	to execute, carry out
秩序	zhìxù	order, discipline
只要	zhǐyào	as long as
只有	zhǐyǒu	only
制造	zhìzào	to manufacture, produce
中	zhōng	in, middle, center, among
忠诚	zhōngchéng	loyal; loyalty

仲父	zhòngfù	uncle-like mentor, second father
中间	zhōngjiān	middle, between
终于	zhōngyú	eventually
诸侯	zhūhóu	vassal lords, feudal princes
诸侯国	zhūhóuguó	vassal state, feudal state
自称	zìchēng	to call oneself
自己	zìjǐ	oneself
子女	zǐnǚ	children, sons and daughters
自然	zìrán	naturally; nature
子孙	zǐsūn	descendants, offspring
仔细	zǐxì	carefully, attentively
宗教	zōngjiào	religion
走	zǒu	to go, to walk
祖父	zǔfù	grandfather (paternal)
足够	zúgòu	enough, sufficient
最	zuì	most
最后	zuìhòu	finally; last
最终	zuìzhōng	ultimately, in the end
租金	zūjīn	rent
遵守	zūnshǒu	to abide by, comply with
做	zuò	to do, to make
坐	zuò	to sit
座	zuò	seat, (measure word for mountains, temples, big houses)
做官	zuò guān	to serve as an official
做出	zuòchū	to make, produce
做法	zuòfǎ	method, practice, way of doing
作为	zuòwéi	as
作用	zuòyòng	role, function, effect

About the Author

Katherine Zhu is an author, Chinese language education expert, and social media pioneer who integrates a global perspective with local insight. Her career began at the media conglomerate Hearst, where she authored in-depth features for publications such as Marie Claire and Psychologies, conducting high-profile interviews with leading Chinese celebrities, cultural icons, and entrepreneurs.

Building on this foundation, Katherine launched an independent writing blog that rapidly amassed over 150,000 loyal readers, establishing her as a distinguished voice in contemporary Chinese literature. Her syndicated columns and podcast essays are frequently featured by mainstream media and major streaming platforms, garnering nearly 10 million reads to date. Her content creation is further highlighted by her collaboration with Disney, producing a successful book series that remains a bestseller in the Chinese market.

In the realm of Chinese language education, Katherine has spent years innovating pedagogical systems and curriculum development. She has spearheaded or consulted on the curriculum architecture for over 50% of the world's leading Chinese learning platforms in both B2B and B2C sectors. Her work has helped to shape the evolution of modern online Chinese instruction.

As a practitioner of cross-cultural exchange, Katherine founded Kan Social Media Services, a boutique media agency specializing in Chinese social media strategy. The firm empowers international brands to enter the Chinese market and helps them effectively engage with the global Chinese diaspora.

Through the power of the written word and the bridge of education, Katherine is dedicated to building a space for authentic cultural dialogue, fostering resonance and mutual success between China and the world.

www.ingramcontent.com/pod-product-compliance
Lightning Source LLC
Chambersburg PA
CBHW071618030726

47598CB00001B/336